REVIEW

高效复盘

明 亚◎著

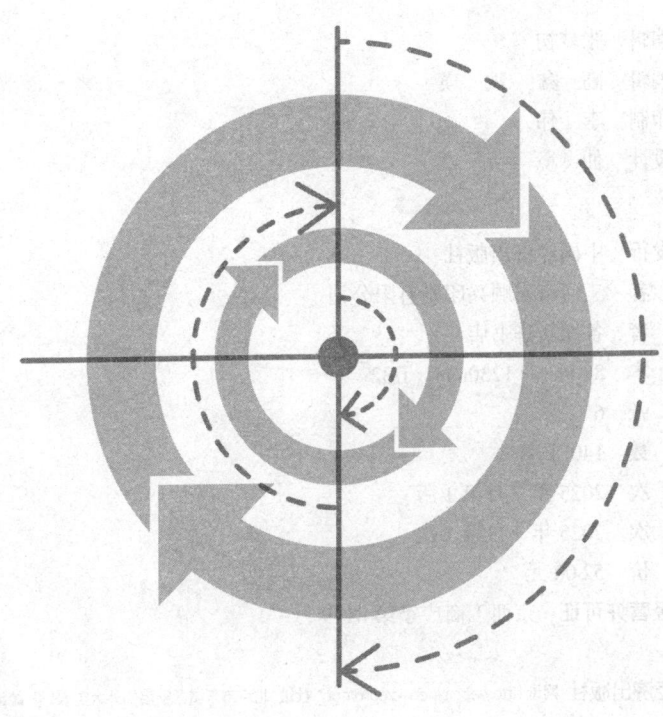

中国经济出版社
CHINA ECONOMIC PUBLISHING HOUSE

图书在版编目（CIP）数据

高效复盘 / 明亚著. -- 北京：中国经济出版社，
2025.7. -- ISBN 978-7-5136-8237-4

Ⅰ. F272.9

中国国家版本馆 CIP 数据核字第 2025DD8803 号

策划编辑	张梦初
责任编辑	高 鑫 戴 瑛
责任印制	李 伟
封面设计	仙 境

出版发行	中国经济出版社
印 刷 者	三河市宏顺兴印刷有限公司
经 销 者	各地新华书店
开 本	880mm×1230mm 1/32
印 张	6
字 数	140 千字
版 次	2025 年 7 月第 1 版
印 次	2025 年 7 月第 1 次
定 价	52.00 元

广告经营许可证 京西工商广字第 8179 号

中国经济出版社 网址 http://epc.sinopec.com/epc 社址 北京市东城区安定门外大街58号 邮编 100011
本版图书如存在印装质量问题，请与本社销售中心联系调换（联系电话：010-57512564）

版权所有　盗版必究（举报电话：010-57512600）
国家版权局反盗版举报中心（举报电话：12390）　　服务热线：010-57512564

PREFACE 前言

复盘，简而言之，是对过去的行为和结果进行回顾、分析、总结与提升的过程。它并不只是简单的行为回顾，更是一种深度的思考方式。

对个人而言，复盘能助力我们从过往经验中汲取智慧，防止在同一个地方再次跌倒。正如孔子所说："过而不改，是谓过矣。"通过复盘，我们能清晰洞察自身的不足与曾经犯下的错误，进而有针对性地加以改进和提升。同时，复盘还能激发我们进行深度思考。在复盘过程中，我们需不断自问"为什么"：为什么会犯这个错误？当时为什么做出这样的决定？为什么没留意到那个关键细节？……这些问题促使我们深入探究，挖掘问题的本质。而这种深度思考，恰恰是提升解决问题能力的关键所在。

一个善于复盘的人，能够迅速适应多变的环境，从每次经历中汲取精华。无论是成功的喜悦还是失败的教训，都能转化为推动自身前进的动力。这种能力不仅对个人成长和职业发展大有益处，对团队协作和企业战略规划同样具有重要价值。

在团队合作中，复盘扮演着"黏合剂"的角色，有助于增进团队成员间的沟通与协作。当团队完成一项任务后，大家共同进行复盘，能让每个人都有机会分享自己的看法与建议。这不仅能增强团队内部的信任感，还能促进知识和经验的交流。在复盘过程中，团队能更快地找到问题的根源，探讨解决方案，从而提高整体工作效率与创新能力。

在企业战略规划层面，复盘的作用同样不可忽视。通过定期开展复盘活动，企业相关人员能够及时察觉战略实施过程中的偏差与问题。这种及时的反馈机制，能使企业成员迅速调整战略方向，确保企业始终沿着正确的轨道稳步前行。复盘还能帮助企业从过去的成败中总结出宝贵经验，为企业未来发展提供有力的决策支撑。

本书围绕复盘能力的重要性展开深入探讨，分享了一系列切实可行的复盘方法，并通过丰富的案例分析，生动展现了复盘在不同场景中如何发挥强大作用。我们期望通过本书，帮助读者构建起属于自己的复盘体系，从而在各自领域实现更大的突破与发展。

CONTENTS 目录

第一章 高效复盘,打破低效循环

复盘:自我精进的底层逻辑 …………………… 002
复盘的过程与步骤 …………………………… 005
复盘的场景应用 ……………………………… 008
选对方法,让你的复盘效果翻倍 ……………… 011
有效复盘的四个标准 ………………………… 014

第二章 时间复盘,让你的24小时价值翻倍

时间复盘是一种人生复利 …………………… 018
你的时间都去哪儿了 ………………………… 021
如何有效地管理你的一天 …………………… 024
利用 To Do List 掌控时间 …………………… 027
复盘帮你告别拖延症,提升你的工效 ………… 031

第三章 学习复盘,让学习变得更有效

利用复盘提高记忆成效 ……………………… 036

知识复盘的框架:"三个一"和"看学做" …………… 039
如何进行高效的学习复盘 ………………………… 043
U 型学习法的理解和运用 ……………………… 046

第四章　管理复盘，打造战斗力爆表的团队

用高效复盘提升团队业绩和能力 ………………… 052
团队复盘中的三种角色 …………………………… 055
团队复盘引导的"三阶九步法" ………………… 059
如何在团队内部推广复盘 ………………………… 064
怎样扩大复盘的影响力 …………………………… 067
团队沟通复盘:缓解彼此间的观点分歧 ………… 070

第五章　关系复盘，让你的人际关系更和谐

会复盘的人，都能和他人友好相处 ……………… 076
再好的关系，也要保持适当的距离 ……………… 079
夫妻吵架后，如何及时复盘 ……………………… 083
信任，让你赢得婚姻保卫战 ……………………… 087

第六章　情绪复盘，做个情绪稳定的成年人

情绪是复盘中的一条主线 ………………………… 092
在痛苦中进行有效复盘 …………………………… 095
分手复盘:走出不良的极端情绪 ………………… 098
与其抱怨，不如改变 ……………………………… 102

第七章 项目复盘，提升项目管理效能

"事后回顾"机制与项目复盘实践 …………… 106
项目复盘成功的四个关键点 ………………… 109
项目复盘现场实施步骤 ……………………… 113
项目复盘的典型应用场景 …………………… 116
多重迭代式项目复盘的操作模式 …………… 121

第八章 经营复盘，让你的业务翻倍增长

谷歌：经营复盘与 OKR 是"天作之合" …… 126
经营复盘的步骤与关键点 …………………… 129
如何开好企业经营复盘会 …………………… 133
经营复盘要定期做、坚持做、长期做 ……… 138
复盘任正非不同阶段的经营发展思维 ……… 141

第九章 战略复盘，让企业决策更明智

没有战略复盘就没有战略闭环管理 ………… 148
企业战略复盘的四维解析 …………………… 151
战略复盘"六步走" ………………………… 154
战略复盘常见的问题与挑战 ………………… 157
复盘李彦宏布局移动战略 …………………… 161

第十章 职场复盘，助你在竞争中脱颖而出

正确认识自己的优势和不足 ………………… 168

对求职失败的复盘 …………………………… 171
对低水平勤奋的复盘 …………………………… 175
所有的怀才不遇，都有迹可循 ………………… 178
职场压力复盘：识别、应对与成长 …………… 181

第一章

高效复盘,打破低效循环

在快节奏的现代生活中,我们时常陷入忙碌而低效的循环中。每天看似忙忙碌碌,但真正有意义的产出却寥寥无几。要想打破这种低效循环,需要学会复盘,从中吸取经验教训,不断提升自己。

复盘：自我精进的底层逻辑

"复盘"一词，最初源于围棋术语，指的是棋手们在一盘棋结束后，会花时间回顾并分析整个对弈过程。他们借此方法找出自己在棋局中的失误与不足，以便在后续对局中加以改正。这种反思和学习的过程，被统称为"复盘"。后来，这一理念被广泛应用于商业、投资等诸多领域，成为一种重要的思考和学习方式。当然，该概念同样适用于我们的日常生活，通过反思过去的行为和决策，从中吸取经验，提升自我。

晚清重臣曾国藩堪称"复盘鼻祖"。他的一生充满辉煌与挫折。然而，正是他在面对失败与耻辱时所展现出的深刻反思、不断奋进的精神，使他成为后世敬仰的楷模。

曾国藩幼年时并非天资聪颖，甚至有些迟钝。据说，他小时候读书，即便反复诵读上百遍，仍难以记住内容。有一次，一个躲在房梁上的贼实在忍不住跳下来，当着曾国藩的面，流利地背出了他正在诵读的内容。尽管如此，曾国藩并未因此而气馁，反而通过每日"静坐"复盘的习惯，持续提升自己。他曾为自己制定了每天必须完成的十二项任务，其中第二项便是"静坐"。每天，他会花一小时静坐，反思一天的行为和思想，审视自身不足，并探寻改进之法。这种持之以恒的自我复盘与提升，让曾国藩在各个领域都取得了长足进步，最终建立卓越功勋。

1866年，在一封家书中，曾国藩向弟弟曾国荃回顾了自己一生中三次"为众人所唾骂"以及三次军事大失败的经历，这充分彰显了他卓越的复盘能力。

曾国藩的第一次"为众人所唾骂"发生在咸丰初年，当时他因直言进谏触怒权贵，致使仕途受挫。这次经历让他深刻认识到官场的复杂和人心的险恶，也促使他在日后的政治生涯中行事更加谨慎。第二次是在太平天国战争期间，由于战略失误，湘军惨遭败绩，曾国藩因此广受指责。这次失败让他意识到自己在军事指挥上的欠缺，于是开始系统学习兵法，最终成为杰出的军事统帅。第三次则是在他晚年，因处理天津教案不当，遭到舆论的猛烈抨击。这次事件让曾国藩深感自身责任重大。

除了这三次"为众人所唾骂"的经历，曾国藩还经历了三次军事大失败。每一次失败都给他带来沉重打击和深刻教训。然而，他并未因此气馁或放弃，而是将这些失败视为宝贵财富与经验。他从中总结教训、吸取经验，不断提升自己的军事才能和领导能力。正是这种不屈不挠的精神和持续的复盘能力，使曾国藩最终成为伟大的军事家和政治家。

联想创始人柳传志深受曾国藩复盘理念的影响，他本人也是复盘文化的积极倡导者和践行者。他在一次年会中分享自己的成功经验时曾提到："我认为自己的智力处于中等偏上水平，情商相对较高。即便如此，我也没有特别突出的优势。那么，我的优势是什么呢？就是勤于复盘。自创建联想后，我养成了一个习惯，即工作一段时间后，我会停下来回顾之前所做之事，总结经验教训。我建议大家也培养'复盘'的习惯。"

柳传志常强调，领导者要有勇气直面自己的错误，并从错误中学习。在联想的发展历程中，他本人也多次通过复盘来调整战略、纠正方向。他还将复盘纳入联想的"三大方法论"，即小事及时复盘，大事阶段性复盘，事后全面复盘。

在联想集团，每一个重大决策的背后，都有复盘的身影。这种持续的学习与改进，是联想能够在激烈的市场竞争中保持领先地位的关键因素之一。2009年，联想集团遭受国际金融危机的巨大冲击。在这关键时刻，联想集团的核心人员并未选择逃避，而是进行了一次全面复盘。他们分析了自身的优势与劣势、市场的变化趋势以及竞争对手的动态。通过这次复盘，他们明确了发展方向，进而制定了新的战略计划。结果，联想不仅成功度过危机，还在危机后实现了快速增长。

此外，联想集团还将复盘理念应用于日常管理和运营中。无论是对产品开发、市场营销还是人力资源管理工作，都会定期进行复盘，以确保各项工作能够持续改进和优化。这种持续的自我反思与学习，让联想集团在各方面都能保持领先地位。

可以说，复盘是联想成功的重要因素之一。它不仅助力联想从过去的经验中学习，还为其未来的发展指明方向。

在快速发展的现代社会，企业和个人的持续进步离不开有效的学习机制。复盘作为一种高效的自我提升工具，其重要性不言而喻。它并非简单的事后回顾，而是要深入地分析、反思与总结。通过复盘，我们能够从过去的实践中提炼出有价值的经验，从而提升自身能力与水平。同时，复盘还有助于我们明确目标、规划未来。因此，无论是追求稳健发展的企业，还是渴望不断进步的个人，掌握并运用好复盘这一技能都至关重要。

复盘的过程与步骤

复盘是一个系统且复杂的过程，涵盖多个环节与步骤。接下来，我们借助一个案例来了解复盘的流程。

某科技公司启动了一项新产品研发项目，旨在打造一款具有创新性的智能家居产品。项目原计划周期为 6 个月，预算为 500 万元人民币。然而，项目执行过程中遭遇诸多挑战，最终致使项目延期 2 个月，费用超出预算 10%。于是，该公司决定开展一次全面复盘。

首先，项目团队回顾了整个项目的执行进程。从项目启动、需求分析、设计开发、测试验证直至产品发布，对每个阶段都进行了细致梳理。梳理后发现，需求分析阶段耗时过长，影响了后续开发进度。在测试验证阶段，由于测试不够充分，产品存在一些未被察觉的问题，不得不进行额外的补救工作。此外，开发过程中团队内部协作不够紧密，信息传递受阻，降低了开发效率。

深入分析原因后，团队总结出以下经验教训：

第一，需强化客户需求管理，确保需求清晰、稳定，减少变更。

第二，要加强团队内部协作，提升信息传递效率，保障项目顺利推进。

第三，测试验证时应制定有效的测试策略与工具，确保产品质量。

基于上述经验教训，团队制定了一套改进计划。其一，明确需求变更流程,以节省时间、提高效率;其二,引入敏捷开发方法,提升团队内部协作效率,缩短开发周期;其三,引入自动化测试工具与方法,提高测试效率与准确性,确保产品质量。

团队将上述改进措施纳入后续项目计划,并在实施过程中持续监控与评估。通过落实改进措施,团队成功缩短了后续项目的开发周期,提高了产品质量,有效控制了项目成本。此次复盘不仅帮助该公司解决了当下问题,还为未来的成功筑牢了根基。

从这个案例可以看出,复盘是一个系统性过程,涉及对过往项目或活动的全面回顾、分析与总结。它不仅要识别成功之处,更重要的是找出存在的问题与不足,为未来改进提供依据。

一般而言,复盘包含四个关键环节:回顾过程、分析原因、提炼经验教训、制订改进方案。

1. 回顾过程

这是复盘的基础。需详细回顾事件的整个过程,包括决策、行动、结果等。通过全面回顾,保证不遗漏任何细节,为后续分析提供完整的数据支撑。回顾过程中,要秉持客观公正的态度,尽可能还原事实真相。通过回顾过程,能够清晰了解面对特定情境时的反应与处理方式,为后续分析奠定坚实基础。

2. 分析原因

这是复盘的核心环节。回顾过程后,需深入探究导致结果的各类问题。这些问题可能是决策失误、行动不当,或是对结果的预期不准确等。要深入剖析每个环节,找出导致结果的根本原因。这不能仅对表面现象进行分析,还需挖掘深层次问题。

3. 提炼经验教训

这是复盘的关键所在。明确原因后,需总结经验教训,形成有价值的见解。这些经验教训不仅有助于避免再次出现类似错误，还能为未来决策提供参考。

4. 制订改进方案

这是复盘的目的。依据前面阶段的分析结果，提出具体的改进方案，并在下次实践中予以实施。改进措施应具备可行性与有效性，因为只有落实这些措施，才能真正从错误中学习并成长。

总之，复盘是一种强大的学习与改进工具，通过系统地回顾、分析与改进，能够助力个人和团队不断提升效率与竞争力。在当今竞争激烈的市场环境下，掌握并运用好复盘方法，无疑是取得成功的关键之一。

复盘的场景应用

作为一种重要的管理和学习工具，复盘的应用广泛且深入，涵盖多个重要领域和场景。以下是复盘在不同场景中的具体应用：

1. 企业战略规划

在企业战略规划中，复盘能够帮助企业回顾过去的战略决策与执行过程，剖析成功和失败的原因，进而优化企业发展的战略规划，制定更科学合理的目标与行动计划。例如，一家科技公司在进行年度战略复盘时发现，其产品虽在市场上取得一定成功，但因忽视竞争对手动态和市场需求变化，致使市场份额增长缓慢。通过此次复盘，公司负责人意识到需加强市场信息的收集与分析，以便更迅速地响应市场变化。于是，公司决定设立专门的市场研究部门，定期开展市场信息竞争分析，确保能及时调整战略方向，抓住市场机遇，提升竞争力。

2. 业务运营分析

在业务运营过程中，复盘有助于企业深入分析各项业务的运营数据、市场反馈和客户评价，找出业务运营中的问题与瓶颈，同时结合自身实际情况制定改进措施，提升业务运营效率与客户满意度。例如，某电商平台在一次大规模促销活动后，发现转化率低于预期水平。为此，该平台组织了一场全面且细致的复盘会议，邀请市场营销部、产品开发团队等不同部门的关键成员参与讨论。会上，大家共同回顾了整个活动期间收集的各类数据指标，包括访问量、点击率、购买率、转化率等；

同时听取了消费者对本次活动的看法与建议。

经过深入交流探讨，他们意识到尽管前期推广力度较大，但在用户体验方面存在不足，如页面加载速度慢、支付流程复杂等问题严重影响用户购物体验。针对这些问题，公司领导层决定采取一系列改进措施：一是加快网站性能优化，提升加载速度；二是简化结账步骤，让客户更便捷地完成交易；三是加强售后服务体系建设，确保快速响应客户需求。实施这些措施后不久，平台再次举办的同类促销活动取得了显著的效果，证明了之前所做复盘的价值。

3. 项目管理

复盘是确保项目成功的重要手段。通过复盘，项目团队能够回顾项目的整个生命周期，涵盖项目计划、执行、监控和收尾等各个阶段。在复盘过程中，团队可识别项目中的风险与问题，分析原因并总结经验教训。这些经验教训能为未来项目提供宝贵参考与借鉴，提高项目管理水平和成功率。例如，在一个软件开发项目中，初期因需求分析不够充分，导致后期频繁出现变更要求，严重影响项目进度和成本控制。在项目结束后的复盘会上，团队详细讨论了这一问题，并分析出主要原因是前期与客户沟通不足，以及缺乏有效的变更管理机制。基于此，团队决定在未来项目中加强与客户的早期沟通，同时建立一套严格的需求变更流程，以减少不必要变更对项目的影响。

4. 人力资源培训与发展

在人力资源培训与发展领域，复盘能帮助企业更精准地了解员工的培训需求和职业发展路径，发现培训内容和方式的不足，进而优化培训体系，为员工提供更个性化的培训和发展机会，最终提升员工的职业素养和工作能力。例如，某科技公司在完成一次技术培训后进行复盘，发现大部分员工掌握了新技术的基本操作，但在高级应用方面存在明显欠缺。因此，公司在后续培训中增加了更多关于高级功能和应用的案例分析与实操练习，使员工能够更深入地理解和运用所学知识。此外，公司还引入导师制度，让有经验的高级工程师指导新员工，帮助他们更快地适应工作要求，更有效地解决实际问题。这些措施显著提高了培训效果，也增加了员工的满意度和忠诚度。

5. 个人成长与职业规划

在个人成长和职业规划方面，复盘同样意义重大。通过定期复盘自己的学习和工作经历，个人能够清晰认识到自身的优势与不足，明确未来的职业目标和发展方向。同时，复盘还能帮助个人总结经验教训，提升自我认知和反思能力，为未来的职业发展筑牢基础。例如，一位职场新人在完成一个项目后，通过复盘发现自己在时间管理和团队协作方面存在不足。于是，他开始主动学习时间管理技巧，并寻求提高团队合作能力的方法。经过一段时间的努力，他在后续项目中表现出色，提高了工作效率，也赢得了同事和上司的认可。

除上述几个主要场景外，复盘还可应用于其他诸多领域和场景。例如：在市场营销中，复盘能帮助企业分析营销活动的效果和投入产出比；在客户关系管理中，复盘能帮助企业深入了解客户需求和满意度情况；在团队协作中，复盘能增强团队凝聚力和协作效率等。

总之，复盘作为一种强大的分析和总结工具，应用范围极为广泛。通过复盘，我们能够在各个领域实现更大的突破与发展。

选对方法，让你的复盘效果翻倍

在当今这个信息爆炸的时代，复盘成为一种重要的学习和获取知识的方法。选择正确的复盘方法，不仅能够让你的成果分析效果倍增，还能帮助你在未来的工作和生活中做出更明智的决策。以下是一些有效的复盘方法和步骤，可以帮助你更好地从经验中学习和成长。

1.GRAI 复盘法

GRAI 复盘法是一种系统的反思方法，它包括目标回顾（Goal Review）、现实检查（Reality Check）和改进行动（Action Improvement）。这种方法能够帮助我们从过去的经验中吸取教训，为未来的发展提供指导。

（1）目标回顾。需回顾最初的目标或预期结果，并与实际达成的结果进行比较。这一环节的关键在于无论是成功还是失败，都诚实地评估自己的表现。通过这种方式，我们可以清晰地看到自己在哪些方面做得好，哪些方面需要改进。

（2）现实检查。在此环节，需要问自己类似这样的问题：哪些策略有效，哪些不够好？有没有更好的方法来处理类似情况？

（3）改进行动。将从目标回顾和现实检查中获得的洞见转化为具体的行动计划。因此，我们需要制定明确的改进措施，以解决在复盘过程中发现的问题。

2.KPT 复盘法

KPT 复盘法是由三个步骤组成的循环过程：保持（Keep）、问题（Problem）和尝试（Try）。这种方法鼓励我们从每个项目或任务中吸取教训，以便在未来做得更好。

（1）保持：在这个阶段，我们要识别并记录下在项目或任务中做得好的方面。这些优势和成功的做法，需要在未来的工作中保持和加强。

（2）问题：在这个阶段，我们需要诚实地反思那些没有达到预期结果的地方。识别问题是解决问题的第一步，因此必须坦诚地面对不足，并记录下来以便后续分析。

（3）尝试：在这一阶段，需要制订一个行动计划来解决在第二阶段识别出来的问题。可能包括学习新技能、改进流程、寻求额外的资源或改变策略等。要将这些行动计划纳入具体工作中，并落实执行。

3.KISS 复盘法

KISS 复盘法，源自"Keep It Simple and Straightforward"（保持简单直接）原则，强调在复盘过程中应追求简明扼要，避免过度复杂化，从而提高复盘的效率和效果。

KISS 复盘法通常包括以下几个关键步骤：首先，明确复盘的目标和范围，确保团队成员对复盘的重点有清晰的认识；其次，收集相关数据和信息，为后续的分析提供基础；再次，运用简单的逻辑框架对数据进行分析，识别出项目中的关键成功因素和存在的问题；复次，针对识别出的问题，讨论并制定具体的改进措施；最后，将改进措施落实到实际工作中，并在后续的项目中进行跟踪和评估。

4.3R 复盘法

3R 复盘法的核心在于"回顾（Review）、反思（Reflect）和提炼（Refine）"。这一方法不仅有助于个体或团队从过去的实践中学习，还能促进未来行动的优化。

（1）回顾：要从事实出发，全面梳理事件的经过。在这个过程中要保持客观公正的态度，避免主观臆断对事实的影响。

（2）反思：要探究事件发生的根本原因，以及这些原因背后的逻辑关系。这可能涉及个人的决策过程、团队的协作方式、外部环境的变化等多个方面。通过反思，不仅能够认识到自身的不足，还能够发现潜在的机会和改进的空间。

（3）提炼：这是将反思成果转化为实际行动的关键步骤。需要根据前面的分析和讨论，制定具体的行动计划和策略。这些计划应当具有可操作性，能够指导未来的实践。同时，要建立相应的监控机制，以确保计划的有效执行和持续改进。

5.PDCA 复盘法

PDCA 复盘法包括计划（Plan）、执行（Do）、检查（Check）和处理（Act）四个阶段，形成一个持续的循环过程。通过这种方法，我们能够系统地解决问题，提高效能，实现持续改进。

（1）计划阶段：要详细考虑各种可能的情况，并制定相应的应对措施。

（2）执行阶段：需要按照既定的计划进行操作，同时保持灵活性以应对可能出现的问题或变化。

（3）检查阶段：要收集数据和反馈，分析实际成果与预期目标之间的差距，并识别出成功的因素以及需要改进的地方。

（4）处理阶段：如果目标已经达成，那么可以总结经验并将成功的策略标准化；如果没有达到目标，则需要根据反馈调整计划，并在下一个循环中改进。

以上几种复盘方法各有特色，适用于不同场景。合理运用这些工具，不仅能帮助我们从过去的经历中吸取宝贵经验，还能指导未来的发展方向。

有效复盘的四个标准

作为一种重要的自我提升工具,复盘已广泛应用于个人发展和团队管理领域。然而,其效果往往受多因素影响,其中最为关键的是深度、广度、准确性和时效性。

1. 深度

深度是有效复盘的核心要素。它要求复盘不能仅停留在表面问题的分析上,而要深入挖掘问题的根源与本质。通过深度复盘,能够找到问题的真正成因,避免浮于表面的解决方案,进而制定更具实效的改进措施。

例如,某销售团队在一次大型销售活动中业绩欠佳,销售额远低于预期。在复盘时,团队没有仅仅着眼于销售数据、客户反馈等表面问题,而是深挖销售过程中的问题根源。他们发现,销售人员在与客户沟通时,专业知识和沟通技巧匮乏,致使客户对产品的信任度降低。针对这一问题,团队制定了包括加强销售人员培训、提升专业素养与沟通技巧等内容的改进方案。在这次深度复盘过程中,团队不仅找到了问题的症结所在,还拟定了针对性的改进举措,为后续的销售活动提供了有力支撑。

2. 广度

广度要求在进行复盘时,涵盖所有相关因素,包括内部与外部因素、直接与间接因素。通过广度复盘,可全面审视项目或活动的各个层面，确保不遗漏任何可能影响结果的因素，从而制定更为周全的改进措施。

例如，一家制造企业的产品出现质量问题，导致产品退货率攀升。在复盘过程中，团队不仅剖析了生产过程中的直接因素，如设备故障、原材料问题等，还考量了外部因素，如供应商的质量管理能力、市场环境的变化等。同时，他们也关注到间接因素，如员工的工作态度、培训效果等。经过全面分析，团队制定了综合性的改进方案，包括加强供应商管理、优化生产流程、强化员工培训等。

3. 准确性

准确性是有效复盘的关键，它要求复盘过程中收集的数据和信息必须真实可靠，分析结论务必准确无误，以保障分析结果的客观性与准确性，为后续改进提供坚实的基础。

例如，某互联网公司在进行产品迭代时，发现用户反馈中频繁提及某个功能的使用体验欠佳。在复盘过程中，团队通过收集用户反馈、分析使用数据等方式，精准识别出问题的根源在于该功能的操作流程过于烦琐。基于这一准确的分析结论，团队制定了简化操作流程的改进措施，成功提升了用户的使用体验。

4. 时效性

时效性要求复盘及时开展，以便在问题尚处于新鲜阶段、相关人员记忆还清晰时获取最真实有效的信息。如此一来，在一定程度上能够确保问题得到及时解决，避免问题扩大化或演变为更严重的问题。

例如，一个电商团队在"双十一"促销活动结束后，发现销售额未达预期。他们迅速组织复盘会议，及时回顾促销活动的整个过程。在复盘过程中，团队成员凭借清晰的记忆和实时的数据反馈，准确分析出促销活动中的不足之处，如广告投放效果欠佳、库存准备不足等。针对这些问题，团队制定了有针对性的改进措施。

综上所述，深度、广度、准确性和时效性是有效复盘的四个关键标准。它们相互关联、相互促进，有助于我们提升复盘质量，进而更有效地实现自我提升与团队优化。

第二章

时间复盘,让你的 24 小时价值翻倍

每个人每天只有 24 小时,如何高效利用这些时间,让每一分每一秒都发挥最大的价值,是非常重要的,也是我们面临的挑战。时间复盘是一种有效的方法,能够帮助我们更好地规划和管理时间,从而让我们的 24 小时价值翻倍。

时间复盘是一种人生复利

在人生的漫漫旅途中，时间堪称我们最为宝贵的资源，一旦流逝，便如东去之水，无法挽回。因此，如何高效地利用时间，让生命中的每一刻都充满意义与价值，成为我们共同追寻的目标。时间复盘，作为一种反思与优化时间使用的有效方式，其重要性不言而喻。它不仅能够助力我们精准识别并改进时间管理方面的不足，还能在潜移默化中催生一种人生的复利效应，促使我们的成长与进步的幅度指数级增长。

时间复盘，简言之，就是对自身过去一段时间内时间的使用状况展开回顾与总结，分析哪些时间被高效利用、哪些时间被无端浪费，以及探究造成这种结果的根源。通过时间复盘，我们能够更为清晰地洞察自己的时间分配情况，进而有的放矢地做出调整与优化。这种反思过程恰似对人生进行投资，每一次的复盘都能为我们带来额外的"利息"——知识与经验的丰厚积累。

不妨想象一下，倘若每天晚上我们都能抽出几分钟时间，回顾当天的活动，思考哪些地方做得恰到好处，哪些地方有待改进，长此以往，我们必将积累起一笔弥足珍贵的财富。这笔财富并不局限于物质层面，更为关键的是能给予我们精神上的满足与成长。

时间复盘的益处是多维度的。首先，它让我们深刻认识到时间的宝贵价值。时间是公平无私的，每个人每天都平等地拥有 24 小时。然而，不同的人却因时间管理能力的参差不齐，而拥有截然不同的人生轨迹。

通过时间复盘，我们能够越发珍视每一分每一秒，让时间成为我们人生道路上最璀璨的财富。其次，时间复盘有助于增强我们的自我认知。在反思的过程中，我们会对自己的喜好、能力以及价值观有更为深入的了解，进而做出更契合自身需求的决策。此外，时间复盘还是一种积极向上的生活态度，它彰显了我们对生活的热爱以及对未来的美好期许。当我们甘愿花费时间回顾过去、精心规划未来时，便已然在为自己的生活注入源源不断的正能量。

更为关键的是，时间复盘能够激发我们的复利思维。通过定期回顾与反思过去一段时间内的行为、决策以及经历，我们能够更好地洞悉自己的行为模式。这种自我反省与调整的过程，宛如在时间的长河中持续优化自己的"投资策略"，使得每一次的经历都化作成长的养分，而非无谓的消耗。例如，一个学生每周复盘自己的学习习惯与方法，便能发现哪些学习方法行之有效，哪些方法需要改进。随着时间的推移，这些细微的调整与优化将显著提升学习效率，助力其取得更为优异的成绩。同样，一个职场人士每月复盘自己的工作表现与职业发展，能够更合理地规划自己的职业道路，提升工作技能，最终实现职业生涯的跨越式发展。因此，时间复盘不仅是一种自我提升的得力工具，更是一项长期投资，能够助力我们在时间的长河中持续积累优势，实现个人成长与进步的复利效应。

李华创立了一家公司，并全身心地投入公司的运营与发展之中。然而，随着公司规模的不断扩大以及工作量的与日俱增，他逐渐感觉时间捉襟见肘，工作效率也随之逐步下滑。为了扭转这一局面，李华毅然决定尝试时间复盘，开始每天晚上回顾自己的工作日程，详细记录每个时间段的活动内容与时间消耗。在复盘的过程中，他逐渐找到了自己在时间管理方面存在的问题。

首先，他察觉到自己在处理一些琐碎事务上耗费了过多时间，而这些事务对公司的核心业务并无太大助力。于是，他果断调整自己的工作策略，将更多的时间和精力投入那些能够有力推动公司发展的关键任务上。

其次，他发现自己在某些时间段工作效率极为低下，原因是一些不必要的会议和外界干扰。于是，他着手优化自己的工作环境与时间安排，减少不必要的会议和干扰，从而大幅提高了工作效率。

三个月后，李华的时间管理技巧得到了显著提升。他不仅在相同的时间内完成了更多的工作任务，还取得了令人瞩目的业绩增长。更为重要的是，通过时间复盘，他不断反思并改进自己的工作方式，积累了宝贵的创业经验与知识。而这些经验与知识，仿若一笔笔隐形的财富，为他的创业之路带来了复利效应。他的公司在激烈的市场竞争中崭露头角，获得了更多的投资与合作机会。同时，他还将这些宝贵的经验与知识运用到个人成长中，不断提升自己的领导力与综合素质。

这个事例淋漓尽致地展现了时间复盘的复利效应。时间复盘的复利效应并不仅仅体现在短期的业绩提升上，更体现在长期的个人成长与事业发展进程中。

总之，时间复盘绝不仅仅是一种简单的时间管理工具，更是一种能够助力我们在各个领域实现显著进步的行之有效的方法。只要我们愿意付出努力与时间去积极实践并认真总结，就必定能够深切体会到时间复盘所带来的复利效应。

你的时间都去哪儿了

在忙碌的生活里,我们常常觉得时间不够用,却又无法确定时间具体花在了何处。这种感觉就如同时间在不经意间悄然溜走,而我们没能抓住它的尾巴。为了更高效地管理时间,我们需要进行复盘,回顾过往的行为与决策,找出时间的流向以及被浪费的地方。

我们的时间究竟去哪儿了呢?在现实生活中,存在诸多浪费时间的行为,以下是一些常见的浪费时间的现象:

(1)过度使用社交媒体:这是现代人浪费时间的主要源头之一。当今社会,社交媒体已成为我们日常生活的一部分。微博、抖音等平台凭借丰富的内容和即时的信息更新,吸引了无数用户的目光,让人难以抵抗滑动屏幕的诱惑。一旦开始浏览,往往会不自觉地在这些平台上耗费大量时间,进而忽略了其他重要事务。

(2)拖延:许多人面对任务时,总会找各种借口推迟行动,直到最后期限临近才匆忙应对。这种行为不仅影响工作和学习效果,还会增加心理压力。

(3)无效社交:将时间浪费在无效社交上,意味着把宝贵的时间和精力投入无意义的活动中,而忽略了真正重要的事情。

(4)无效会议:通常指那些没有明确目标、议程松散或参与者准备不足的会议。频繁召开低效会议,不仅消耗自身时间,还会降低团队整体效率。

（5）缺乏目标和规划：没有明确的目标和计划，人们很容易陷入无目的的忙碌之中，最终发现时间被白白浪费。

（6）过度缅怀过去：这意味着花费大量时间和精力去回忆、思考并沉浸在已发生的事件中。这种行为不仅无法改变过去，还会浪费当下的时间。

（7）追求完美：眼里容不下一点瑕疵，对细节有着极高要求。这种对细节的关注虽能提高工作质量，但同时可能导致在一些并非关键的细节上过度投入时间和精力，从而忽视了整体的效率与效果。

（8）分不清事情的主次：盲目地埋头苦干，不分主次地处理各类事情，往往会让人把大部分时间和精力耗费在无关紧要的小事上，因小失大，致使主要事情的进度受到影响。

（9）犹豫和纠结：犹豫和纠结往往源于对未来结果的不确定性。当面临多个选项时，可能会担心做出错误决定，带来不利后果，从而在做决策时过于谨慎，甚至陷入无休止的思考中，无法果断采取行动，最终浪费大量时间。

（10）内耗：指个体在面对选择时，内心的冲突和挣扎消耗了大量精力和时间。这不仅会让人感到疲惫不堪，还会影响日常生活和工作效率。

（11）多任务处理：尝试同时完成多项任务，看似能提高效率，但实际上大脑在不同任务间切换时，需要额外消耗认知资源，反而降低了每项工作的完成速度与质量。

（12）信息过载：每天接收到的信息量巨大，如果不加以筛选和管理，很容易陷入"知识焦虑"状态，花费大量时间浏览，却收获甚微。

（13）无效沟通：缺乏有效沟通技巧，可能导致误解频发，事后需要反复澄清说明，增加沟通成本。无效沟通也包括与同事之间进行非工作相关的闲聊。

（14）环境杂乱无序：物理空间上的混乱会影响心情及专注力，使得寻找物品困难重重，间接浪费许多本可用于其他事务的时间。

（15）不合理安排休息：适当休息有助于恢复精力，但过度放松则可能滋生惰性，让人难以再次进入高效工作状态。

通过上述复盘，我们能够清晰地看到时间是如何在不经意间被浪费掉的。只要认识到这些错误的行为和习惯，并努力加以改变，就能更好地利用时间，让每一天都过得充实而有意义。

如何有效地管理你的一天

在现代社会,时间管理已经成为一项至关重要的技能。有效的时间管理不仅能够提高效率,还能减轻压力,提升生活质量。

现代"管理学之父"彼得·德鲁克深谙时间管理的精髓。有一次,他让自己的秘书记录自己每天的时间使用情况,以此进行自我反思和提升效率。起初,秘书对此有些担忧,希望获得一份书面保证,以免因直言不讳而冒犯到德鲁克。得知这一顾虑后,德鲁克开怀大笑,爽快地做出了承诺。几个月过去,当看到真实的数据时,德鲁克本人意识到自己在时间安排上确实存在许多不足之处。

这个故事表明,即使是在专业领域拥有丰富经验和深厚造诣的人,也需要不断自我反省和优化行为。对于普通人而言,更应养成定期复盘的习惯,以此促进个人能力的发展和目标的实现。

在日常生活中,人们往往容易陷入忙碌却无效的状态,忽视了对时间的合理规划与利用。如果能够对一天或一周的时间进行复盘,我们便可以回顾并分析自己的时间使用情况,找出时间浪费的根源,以及哪些活动是高效且有价值的。这一过程有助于我们更好地理解自己的行为模式,进而在未来的时间安排中做出更合理的调整。

具体来说,时间复盘分为以下几个步骤:

1. 记录时间使用情况

实时记录:在复盘期间,实时记录每天的时间使用情况。可以利用日记本制定一个详细的时间表，也可以使用时间日志、时间追踪应用等工具辅助记录。

分类统计：将记录的时间按照不同的活动或任务进行分类统计，如工作、学习、娱乐、休息等。在分类统计的过程中，能清晰地看到自己在各个领域的时间投入情况，进而分析出哪些领域需要更多关注和调整。

2. 分析时间使用情况

识别浪费：分析记录的时间，识别出哪些时间被浪费了，如无效的会议、过度使用社交媒体等。这有助于找到改进的方向，进而提高时间利用效率。

评估效率：评估不同活动或任务的效率，找出哪些活动或任务花费了过多时间但效果不佳。例如，如果发现会议时间经常超出预期，可能需要重新评估会议的必要性或改进会议的效率。如果某些任务总是无法按时完成，可能需要调整任务的难度或者分配更多时间来完成。

确定优先级：根据重要性和紧急性，确定不同活动或任务的优先级。可以使用时间管理四象限法（重要且紧急、重要但不紧急、紧急但不重要、不重要且不紧急），帮助我们更好地分类和排序。

3. 制定改进措施

设定具体目标：基于复盘结果，设定具体的时间管理目标，如减少社交媒体使用时间、避免拖延等。

制订计划：为实现既定目标，制订详细的行动计划，包括具体的行动步骤、时间表和责任人。

采用有效方法：尝试采用不同的时间管理方法，如番茄工作法（将工作时间划分为若干个25分钟的番茄钟，每个番茄钟后休息5分钟）、时间阻塞法（将一天的时间分解成多个"块"，并为每个时间块分配特定的任务或活动）等。不同的人有不同的工作习惯和偏好，因此找到适合自己的时间管理方法极为重要。

4. 跟踪执行与调整

跟踪执行：在执行改进措施的过程中，持续跟踪进度，发现问题及时纠正，以确保计划顺利进行。

定期复盘：将时间管理复盘作为一个持续的过程，定期进行（如每天、每周或每月），以便及时调整策略。

灵活调整：根据复盘结果和实际情况，灵活调整时间管理策略和行动计划。

总之，时间复盘是一个持续的过程，需要坚持每天进行，它能帮助我们更加清晰地认识自己的时间使用情况，及时发现并改正不合理的时间分配，进而提高生活和工作的效率。

记住，时间是有限的资源，合理地管理和利用每一分每一秒，才能让我们的生活更加充实且有意义。

利用 To Do List 掌控时间

在快节奏的现代生活中，时间管理已成为提升个人效率和生活质量的关键。To Do List 作为一种简单而有效的时间管理工具，不仅可以帮助我们规划每日任务，更是我们进行时间复盘、优化生活和工作方式的重要手段之一。

To Do List 即待办事项清单，简而言之，就是将需要完成的任务、目标或活动以列表形式记录下来的工具。它的形式可以是传统的笔记本、便笺，也可以是数字化应用中的电子列表。无论采用何种形式，其核心价值都在于帮助人们明确优先级，减少遗忘，让任务变得更加具体、可操作，从而有效缓解焦虑，提升执行力。

那么，在生活中如何有效利用 To Do List 掌控时间呢？

1. 明确目标，制定清单

在使用 To Do List 之前，首先要清楚自己的长期和短期目标是什么。这些目标应该是具体的、可衡量的，并且是可实现的。一旦目标确定，就可以根据这些目标来制定每天的任务清单。例如，一名学生的目标是在本学期内提高数学成绩，那么他的待办事项列表可能包括"每天复习数学一小时""每周参加一次数学辅导班"等。明确目标有助于集中精力，避免在无关紧要的事情上浪费时间。

2. 分解任务，细化步骤

面对庞大的项目或目标，人们往往会感到不知从何下手，这时候就需要将大任务分解成小任务，细化步骤。在 To Do List 中列出这些小步骤，可以让任务看起来更加清晰，也更容易着手执行。例如，一位作家的待办事项列表中有一个任务是"完成新书稿"，这个任务可以进一步分解为"撰写第一章""修订第二章"等更具体的小任务。同时，还要为每个任务设定合理的期限，确保有足够的时间来完成每项任务。

3. 优先排序，合理分配

并非所有的任务都同等重要，因此学会区分任务的优先级至关重要。可以使用"紧急重要矩阵"对任务进行分类，然后根据分类结果决定哪些任务应该先做，哪些可以后做，哪些甚至可以不做。这样，可以确保最重要的任务得到优先处理，从而提高时间的利用效率，推进任务的完成。

4. 灵活调整，复盘总结

To Do List 不是一成不变的，它可根据实际情况进行调整。例如，一位创业者在产品开发过程中遇到了技术难题，他可能需要将原本计划的产品发布时间推迟，以便解决技术问题。这种灵活性有助于应对突发情况，保证工作的顺利进行。

此外，定期复盘总结是提升待办事项列表效果的重要环节。可以每周或每月回顾自己的待办事项列表，分析哪些任务完成得好，哪些任务未能如期完成，原因是什么。通过总结经验教训，不断优化自己的时间管理方法。

通过上述步骤，我们可以有效地利用 To Do List 来掌控时间。这不仅能够帮助我们提高工作效率，还能够减少压力，享受更加有序和充实的生活。

其实，制定 To Do List 的过程本身就是一种复盘和自我管理的过程。当你坐下来思考今天需要完成的事情时，实际上就是在对自己的时间和能力进行评估。这个过程迫使你去识别哪些任务是最重要的，哪些可以等待，哪些甚至可以不做。这种区分和排序的能力，是有效时间管理的关键。

以下是一个关于 To Do List 的具体事例，展示了如何在实际生活中应用这一工具来提高效率和达成目标。

张琳是一名大学生，她即将迎来期末考试周，需要复习多门课程。为了确保自己能够充分准备并顺利通过考试，张琳决定使用 To Do List 来规划自己的复习计划。

1.To Do List 的制定

列出所有课程：张琳首先列出了自己需要复习的所有课程，包括数学、英语、物理、化学等。

确定复习内容：对于每门课程，张琳列出了需要复习的重点内容，如数学中的公式、定理和解题方法，英语中的词汇、语法和阅读理解等。

分配复习时间：根据每门课程的难度和重要性，张琳为每门课程分配了相应的复习时间。她决定每天复习两门课程，每门课程分配两个小时的时间。

制定具体任务：为了更具体地规划复习计划，张琳为每门课程制定了具体的复习任务，如数学完成一套模拟试题、英语背诵 50 个单词等。

设置提醒：为了确保自己能够按时开始复习，张琳在 To Do List 中设置了提醒功能，提醒自己每天何时开始复习。

2.To Do List 的执行

按照计划执行：张琳严格按照 To Do List 中的计划执行复习任务，每天按时开始复习，并集中精力完成任务。

记录进度：在复习过程中，张琳会记录自己的复习进度，如已完成的任务数量、剩余的任务数量等，以便随时了解自己的复习情况。

调整计划：如果发现某些任务过于困难或耗时过长，张琳会及时调整计划，重新分配复习时间和任务，以确保整体复习进度不受影响。

3.To Do List 的复盘与总结

复盘复习情况：在复习结束后，张琳会对自己的复习情况进行复盘，检查哪些任务已经顺利完成，哪些任务还存在问题或遗漏。

总结经验教训：通过复盘，张琳总结了自己在复习过程中的经验教训，如哪些复习方法更有效、哪些时间分配更合理、哪些方面有问题等，以便在未来的学习中加以改进。

制订后续计划：根据复盘结果，张琳制订了后续的学习计划，包括巩固已学知识、预习新课程等，以确保自己的学业能够持续发展。

通过制定并执行 To Do List，张琳成功地规划了自己的复习计划，提高了复习效率，并顺利通过了期末考试。

这个事例展示了 To Do List 在帮助个人规划时间、管理任务和提高效率方面的重要作用。

待办事项清单是一个强大的时间管理工具，不仅能够帮助我们更好地掌控时间，提高生活和工作的效率，还可以帮助我们更加自信地面对未来的挑战。

记住，To Do List 不是束缚我们的枷锁，而是帮助我们实现目标的有力工具。只要我们合理规划、坚持执行，就能够在繁忙的生活中找到平衡，实现自我价值。

复盘帮你告别拖延症，提升你的工效

不知从何时起，拖延好像成了一种普遍现象。我们常常发觉自己处于这般状态：明知有任务亟待完成，却总找各种理由推迟。这种内心的纠结与拖延行为模式，不仅降低了我们的效率，还在一定程度上损害了我们的自我价值感。然而，借助复盘的过程，我们能尝试从更客观的视角审视自身行为，剖析拖延背后的缘由，并探寻克服它的办法。

张先生是一名自由职业者，他发现自己频繁无法完成既定任务。为改变这一状况，他着手记录每日工作时间和完成情况，并在每周结束时进行复盘分析。

记录过程中，张先生发现自己常在上午精力充沛时处理一些无关紧要的事务，却把重要工作任务推迟到下午或晚上。这种习惯致使他在一天中最为疲惫之际，才去应对最具挑战性的任务，效率自然低下。

通过复盘，张先生意识到，他之所以如此，是因为担心一开始就投入大量时间和精力做重要工作，一旦遭遇困难或结果不理想，便会感到沮丧和挫败。所以，他总是先做些简单之事来"热身"，以此缓解内心的焦虑。

认识到这一点后，张先生开始调整工作策略。他决定将最重要的任务安排在每天刚开始工作之时，即便这意味着要面对更多的不确定性与挑战。同时，他把大任务拆分成一系列小步骤，逐个完成，每完成一步就给自己一些积极反馈。

经过一段时间的实践，张先生的工作效率大幅提升。他不再惧怕面对重要工作，而是将其视作成长和学习的契机。通过记录与复盘，他不仅克服了拖延的坏习惯，还提高了自我管理能力和解决问题的能力。

对拖延进行复盘，是一个自我觉察的过程。经由不断反思与审视，我们能够识别出导致拖延的根本原因，进而采取针对性措施解决问题。这不仅有助于我们在未来避免类似拖延行为，还能增强自我意识和自我控制能力。

以下是一套详细的复盘步骤，可助你识别拖延原因，并制定有效的改进策略。

1. 记录拖延过程

首先，我们要记录拖延的具体时间，涵盖拖延起始的时间点和持续时长。通过记录时间，能直观地看出一天中哪些时间段自己最易陷入拖延，以及拖延行为对日常工作和生活的具体影响。这有助于我们更敏锐地察觉拖延的存在，从而及时采取措施加以调整。

其次，记录拖延的地点与情境。不同地点和情境可能引发不同的拖延行为。例如：在家工作时，可能因缺乏监督而更易拖延；在办公室，由于同事间的相互影响，或许会更专注于工作。通过记录地点与情境，能发现哪些环境更易使人陷入拖延，进而有针对性地改善工作环境，减少拖延的发生。

此外，记录内心感受也是记录拖延过程必不可少的环节。拖延往往伴随着复杂的心理状态，如焦虑、恐惧、不安等。记录自己在拖延过程中的内心感受，有助于更深入地了解自身心理状态，探寻拖延行为的根源。比如，当需要完成一份报告时，总会感到异常焦虑和不安，而这种焦虑可能源于对失败的恐惧、对自身能力的怀疑，或是担心无法达到预期效果等。

通过记录这些感受和心理变化，我们能够逐渐识别出哪些特定情境或想法触发了负面情绪，进而采取更积极有效的方式应对。

2. 分析拖延原因

根据记录，我们来分析拖延的原因。拖延并不全然是个人懒惰或缺乏动力所致。很多时候，它源于对任务的恐惧、对失败的担忧、完美主义等多种复杂情绪的交织。例如，面对一篇需要完成的稿子，我们可能因害怕写不好而选择逃避，转而去做一些让自己轻松的事，如刷短视频。然而，这种短暂的逃避并不能真正解决问题，反而会让内心充满罪恶感和焦虑。

当开始复盘这一过程时，关键是要保持一种非评判性的态度。不要急于给自身行为贴上"对"或"错"的标签，更不应陷入自我批评的泥沼，而是要尝试理解拖延行为背后的动机。比如，可以自问："我为什么选择刷短视频而非写稿？""是什么让我感到害怕或不安？"

深入思考这些问题，能更好地理解自身的需求和动机，逐步建立起对自身行为更深层次的认知，并在此基础上做出更明智的选择。这不仅有助于提高工作效率，还能增强个人的心理韧性和适应能力。在未来遇到类似情况时，便可借助此次复盘的经验指导行动，从而避免再次陷入同样的困境。

3. 制订解决方案

找到拖延原因后，就需要制订解决方案，可能包括调整心态、优化时间管理、设定明确目标等。例如，若发现自己下午容易疲劳和分心，可尝试在该时间段安排一些轻松的活动，或进行短暂休息和运动，以提升下午的工作效率。通过实施这些方案，我们能够逐步克服拖延，提高工作效率。

4. 持续复盘与调整

拖延是个复杂问题，唯有不断反思和优化，才能找到最适合自己的方法，逐步摆脱拖延的困扰。所以，我们要持续复盘自身行为和决策，不断调整和优化解决方案。

总之，复盘是一个强大的工具，能帮助我们以旁观者的视角审视自己的拖延行为，深入探究其背后的原因，最终找到克服它的办法。在复盘过程中，我们不仅能提高个人效率和生产力，还能在心理层面实现自我成长与发展。

第三章

学习复盘,让学习变得更有效

在求知的道路上,学习复盘是一种强大的工具,它能够帮助我们深入理解所学内容,发现学习中存在的各种不足,并指导我们制定有效的改进策略,从而更加高效地掌握知识,提升学习效果。

利用复盘提高记忆成效

在学习过程中,很多人会遇到这样的问题:明明已经认真学过的内容,不久之后却发现几乎忘记了大半。这种现象不仅发生于对课本知识的学习上,对日常生活中的各种技能和经验的学习也难以避免。那么,为什么我们会忘记学过的东西呢?

1. 记忆机制的影响

人类的记忆系统有其固有的特点与局限性。短期记忆的容量有限,且信息存在时间较短。倘若没有经过有效的巩固与转化,这些信息很快就会被遗忘。长期记忆虽然容量较大且信息存在时间较长,但信息的编码、存储和提取都需要特定的条件与过程。

2. 学习方法的问题

缺乏深度加工:如果我们在学习过程中只是机械地重复信息,而未进行深度加工与理解,这些信息很难被有效地编码进长期记忆。例如,单纯地背诵单词而不理解其含义和使用场景,效果往往欠佳。

不连贯地学习:学习内容若缺乏连贯性和系统性,大脑就难以形成稳定的记忆网络。零散的知识点没有被整合在一起,就会导致记忆碎片化,容易被遗忘。

缺乏复习和巩固:德国心理学家艾宾浩斯提出了著名的"遗忘曲线",指出信息在初次学习后的20分钟内遗忘率高达42%,在一天内遗忘率达到66%。这意味着如果我们不及时进行复习,大部分学到的信息会在短时间内被遗忘。随着时间的推移，遗忘速度虽减缓，但如果不进行持续的复习，信息仍然会逐渐被遗忘。所以，只有及时复习和巩固，才能将短期记忆转化为长期记忆。

3. 个体差异的影响

注意力集中程度：学习时的注意力集中程度直接影响记忆效果。如果我们在学习时容易分心，注意力不集中，学到的信息就难以被有效编码和存储。

情绪和心理状态：情绪和心理状态也会对记忆产生影响。压力、焦虑和疲劳等负面情绪会干扰记忆过程，致使信息难以被有效记住。

睡眠不足：充足的睡眠对于巩固记忆至关重要。睡眠期间，大脑会对白天学到的信息进行处理和整合，而缺乏睡眠则会影响这一过程。

兴趣和动机：对学习内容的兴趣和动机也是影响记忆的重要因素。如果对所学内容缺乏兴趣或动机不足，学习的积极性和主动性就会受到影响，进而影响记忆效果。

为了更好地解决"遗忘"这一问题，一个极为有效的方法就是进行学习复盘。学习复盘不仅是对过去学习经历的回顾和总结，更是一个系统性的分析和改进过程。通过回顾和分析过去的学习经历，我们能够找出问题的根源，并制定相应的改进策略。

以学习一门新语言为例，我们或许都会遇到这样的困境：学过的单词转眼就忘。这时，学习复盘就能发挥其神奇的作用。通过详细记录每次学习的时间、采用的方法以及取得的效果，我们能够更清晰地认识到自己在学习过程中的优势和不足。

在学习复盘过程中，会发现一些有趣的规律。比如：早晨的学习效率往往更高，因为此时大脑经过一夜的休息，处于较为清醒的状态；而到了晚上，由于疲惫，注意力容易分散，学习效果自然会打折扣。此外，还会发现某些单词更容易被记住，而另一些则总是容易忘记。这些发现为制定针对性的学习策略提供了有力依据。

基于学习复盘的分析结果，我们可以做出相应的调整和改进。首先，调整学习时间，充分利用早晨的高效时段进行单词学习。其次，采用多样化的学习方法，如借助造句、听歌等方式加深对单词的记忆和理解。这样不仅能提高学习的趣味性，还能更好地掌握所学知识。

学习复盘的过程虽然需要花费一定的时间和精力，但它所带来的回报却是巨大的。它让我们能够更深入地了解自己的学习特点和规律，从而制订更加科学、高效的学习计划。无论是在学习新语言、新技能还是其他领域，学习复盘都是一种极有用的策略。

学习复盘的重要性不言而喻。它不仅能够帮助我们巩固记忆，还能帮助我们形成更加完整的认知结构。通过不断地回顾和思考，我们可以将新学的知识与旧知识联系起来，形成更加完整的知识体系。这种认知结构的建立不仅有助于我们更好地理解和应用知识，还能够提高我们的思维能力和判断力。

此外，学习复盘也是一种自我反思和自我提升的过程。在复盘的过程中，我们可以评估自己的学习方法和效果，发现问题所在，进而调整学习策略，最终实现提高学习效率的目的。这种自我监控和自我调整的能力对于长期学习和成长至关重要。

总之，学习复盘不仅是对抗遗忘的利器，更是通往深度学习与个人成长的桥梁。因此，我们应该在学习的过程中，不断进行复盘，让记忆更加牢固，让学习更加高效。

知识复盘的框架:"三个一"和"看学做"

在个人成长和学习领域,知识复盘的概念逐渐受到广泛关注,它是一种有效提升学习效率和个人能力的方法。其中,"三个一"和"看学做"是两个重要的复盘框架,能够帮助我们从不同的角度审视自己的学习过程,制定更合适的学习方法,进而达到更好的学习效果。

1. "三个一"框架

"三个一"框架,强调在复盘过程中关注三个核心方面:一次回顾、一次总结和一次展望。

(1)一次回顾。

定义:对过去一段时间内所学知识的系统梳理和反思。

目的:通过回顾,加深对知识的理解和记忆,识别出哪些内容掌握得好,哪些还需要加强。

方法:可以制作时间线,标记出重要的学习节点和关键知识点,逐一回顾其掌握情况。

(2)一次总结。

定义:对所学知识进行归纳和提炼,形成系统的知识体系。

目的:帮助学习者整合散乱的知识点,构建起完整的知识框架,便于日后的提取和应用。

方法:运用思维导图或概念图等工具,对知识点按照逻辑关系进行整理和分类。

（3）一次展望。

定义：对未来学习方向的规划和预设，设定明确的学习目标和愿景。

目的：使学习具有方向性和目标性，提高学习的主动性和效率。

方法：根据当前的学习进度和兴趣点，制订短期和长期的学习计划，设定可衡量的里程碑。

2."看学做"框架

"看学做"框架，主要是通过三个步骤帮助我们更好地理解和应用所学知识。

（1）看。

策略：在学习过程中注重观察，获取关键信息和细节。

实施：通过阅读书籍、观看视频、参加讲座等方式，获取他人的经验和见解。

（2）学。

策略：积极学习新知识，吸收并内化为理论和方法。

实施：通过参加培训课程、进行自主学习或与他人交流讨论，深入理解所学内容。

（3）做。

策略：将所学知识应用于实践中，通过实际操作检验学习成果。

实施：通过实际项目、模拟练习或日常实践，检验和应用所学知识，发现问题并进行调整。

实际上，"三个一"和"看学做"这两个框架并不是孤立存在的，它们相互补充，共同促进个人的成长和发展。例如，在"看学做"的过程中，每完成一个循环后，都可以通过"三个一"来反思整个学习过程。反之，在执行"三个一"时，也可按照"看学做"的步骤来深化对某一特定主题的理解和掌握。通过这种循环往复的学习和复盘过程，不仅能更加高效地吸收新知识，还能不断提升解决问题的能力和创新能力，最终实现自我超越。

假设你在学习一门新的编程语言,如 Python,可以按照上述的方法和步骤进行知识复盘:

1. "三个一"应用

一次回顾:回顾过去几周的学习笔记,识别出哪些概念掌握得好,哪些概念经常混淆。

一次总结:制作一个思维导图,对 Python 的核心概念(如变量、函数、类等)按照逻辑关系进行整理和分类。

一次展望:根据当前的学习进度,制订未来几个月的学习计划,设定具体的学习目标,如完成某个项目或达到某个技能水平。

2. "看学做"应用

看:观看 Python 编程的教学视频,阅读相关的书籍和文档,了解最新的发展动态和应用案例。

学:参加在线课程或编程社区,深入学习 Python 的高级特性和最佳实践。

做:实际编写 Python 代码,参与开源项目或自己开发小应用,通过实际操作检验和巩固所学知识。

通过系统应用"三个一"和"看学做"的框架,我们能够更有效地管理自己的学习过程,提高学习效率和质量,实现知识的深度理解和长期记忆。这一方法不仅适用于学习编程,还可以推广到其他领域的学习中,帮助我们实现持续的自我提升和发展。

需要注意的是,合理安排复盘的时间间隔也是至关重要的,过于频繁或稀少都可能影响复盘的效果。通常,每月一次的复盘频率恰到好处,既抓住了时效性,又避免了疲劳。当然,每个人的学习节奏不同,这个间隔可以根据个人情况适当调整。

另外，复盘并非简单地重复动作，而是需要我们用心去深入分析。在复盘时，我们要细致审视自己的学习数据，对发现的问题，要探究其根本原因。这样的深入分析有助于我们更准确地识别不足，并制订切实可行的改进计划。

通过持续回顾和思考学习过程中的点滴，我们可以逐步完善自己的学习策略，巩固所学知识，让学习之路更加顺畅。因此，我们要在学习的过程中，定期进行复盘，优化学习策略，提升学习效率，实现持续的进步与成长。

如何进行高效的学习复盘

在当今信息爆炸的时代,知识更新的速度之快前所未有。为了在这个快速变化的环境中保持竞争力,高效地复盘和整合所学知识显得尤为重要。学习复盘不仅是对已学知识的回顾,更是对知识体系的梳理与深化理解。

通过运用合适的工具和方法,我们能够更高效地进行学习复盘,找出学习中的不足,并制定相应的改进策略。以下是一些常用的工具和方法,有助于我们更好地开展学习复盘。

1. 使用思维导图、概念图整理知识框架

思维导图是一种图形化工具,能帮助我们将零散的知识点系统化,构建成一个完整的知识体系。通过绘制思维导图,我们可以清晰地看到各个知识点之间的联系,从而提升理解和记忆效果。例如,在学习历史时,若涉及某个历史时期的政治、经济和文化等方面的内容,就可以利用绘制思维导图的方式,将这个历史时期的各个方面呈现出来,形成一个完整的知识体系。

概念图是一种用于组织和表示知识的图形工具,它通过节点(代表概念)和连线(代表概念之间的关系)来展示信息之间的逻辑关系。与思维导图相比,概念图更注重概念之间的逻辑关系和层次结构。它能够帮助我们深入理解知识点的内在联系,构建系统的知识网络。

2. 利用笔记软件记录和回顾

利用笔记软件记录和回顾学习内容，已成为现代人不可或缺的学习方式。Evernote、OneNote 等笔记软件，不仅能将学习过程中的关键信息一一记录下来，还能通过高效的分类和检索功能，让我们在需要时迅速找到所需内容。

在学习过程中，我们可以充分利用笔记软件的这些优势。每当遇到重要的知识点、精彩的案例分析或是深刻的心得体会时，都可立即将其记录在笔记软件中。这样做一方面能确保这些宝贵的信息不会因时间的流逝而被遗忘，另一方面也为日后的复习提供了翔实的资料。

更为重要的是，定期回顾这些记录，有助于我们进一步加深对知识的理解和记忆。在回顾过程中，可结合自身实际情况，对知识点进行梳理和整合，从而构建起更为完善的知识体系。同时，这种回顾还能帮助我们及时发现自己在学习上的进度和不足之处，以便有针对性地进行改进和提升。

3. 运用费曼技巧深化理解

费曼学习法，又称费曼技巧或费曼笔记法，是一种行之有效的学习方法。该方法的核心理念是，通过尝试将自己所学的知识传授给他人，加深自己对知识的深入理解和牢固掌握。具体操作是，将自己所学的知识用自己的话解释清楚，如果能让别人听懂，就说明我们已经掌握了这些知识。

例如，在学习量子力学的过程中，可以尝试将自己对量子纠缠态的理解，用简单易懂的语言解释给朋友听。在此过程中，需要先理解清楚量子纠缠态的基本概念、产生条件以及应用前景等，然后才能用自己的话将这些信息准确地传递出去。通过这样的练习，不仅能加深对量子纠缠态的理解，还能提升自己的逻辑思维能力和表达能力。

4. 定期进行自我测试

自我测试是一种有效的检验学习效果的方法。通过精心安排的练习题、模拟考试等形式，能够及时、精准地发现自身在学习上的薄弱环节。这种及时的反馈使我们能够清晰地知晓哪些知识点尚未牢固掌握，从而有针对性地展开复习和强化工作。

不仅如此，自我测试还有助于我们熟悉考试的形式和题型。在不同的学习阶段，我们会面临各种各样的考试，而通过定期的自我测试，能够提前适应考试的节奏和模式，了解常见的题型特点和要求。这样能够有效提高我们的应试能力，让我们在正式考试中更加从容，发挥出自身的最佳水平。

5. 参与讨论和交流

与他人讨论和交流是另一种极具成效的复盘方式。当我们在学习中遇到难题或者对某些概念理解不够透彻时，与他人讨论可以为我们提供新的思路和方法。他人可能会用不同的方式解释同一个问题，这种多角度的思考有助于我们更全面地理解知识。同时，交流过程中的思想碰撞往往能激发新的灵感和想法，推动我们对知识进行深入探索。

此外，讨论和交流还具有激发学习兴趣和动力的作用。当我们发现自己的观点得到他人的认同和赞赏时，会极大地增强自信心和学习动力；而当我们的疑问得到他人的解答时，那种豁然开朗的感觉更是难以言表。这种积极的反馈机制会促使我们更加积极地投入学习中去，进而有效提升学习效果。

综上所述，善于利用工具和方法进行学习复盘，不仅可以提高学习效率，还能深化对知识的理解和应用。在实际学习中，我们应结合自身实际情况，选择合适的工具和方法，不断优化自己的学习策略，以实现持续的自我提升和发展。

U 型学习法的理解和运用

在当今知识呈爆炸式增长的时代，学习方法的创新已然成为提升个人竞争力的核心要素。其中，U 型学习法作为一种极具效能的学习策略，正逐步赢得广泛的关注与认可。

U 型学习法，顾名思义，其学习轨迹如同字母"U"，它着重强调从实践中发现问题，进而深入探究问题的本质，最终将所学知识灵活应用于实践。其核心在于通过三个主要阶段（知识获取、复盘、知识输出）形成一个闭环，实现从理论到实践再到创新的飞跃。

1. 知识获取

U 型学习法的第一个阶段是知识获取阶段。在此阶段，要借助阅读书籍、聆听讲座、细致观察等多种多样的方式来吸收新的信息与知识。然而，仅仅只是获取到知识是远远不够的，这就好似在"U"左侧下降的过程中不断积累着势能。关键挑战在于怎样将这些知识成功转化为实际能力，这就需要我们进入"U"的底部——复盘阶段。

2. 复盘

复盘阶段是 U 型学习法的第二个阶段，起着举足轻重的作用。此阶段的首要任务是对先前学习的知识点进行系统回顾，这一步骤虽为基础，却是深入探究的起点。随后，我们要对知识点间的相互关系进行剖析与深思，这不仅要求记忆事实，更需理解其重要性、内在联系及在整个学科体系中的定位。例如，在数学学习中，不仅要掌握公式推导过程，还要明了其相互关联及在实际问题中的应用。此外，还需探索知识背后的深层原理和逻辑，以超越表面记忆，达到对概念本质的深刻理解。为实现这一目标，可采用多种策略，如教授他人、记录总结或创建思维导图等，以加深理解和巩固记忆。

最后，复盘阶段还应包括自我评估和深刻反思这一重要环节。我们需要诚实地问问自己：我真正弄懂了哪些具体内容？我在哪些方面依然存有困惑？我应当如何改进自己的学习方法？这种自我检查的过程对于持续不断地改进以及个人的成长发展是极为关键的。

3. 知识输出

U 型学习法的第三个阶段是知识输出阶段。在这一阶段里，我们可以通过写作、展开讨论、实践等多种方式将所学知识清晰地表述出来，并在实际场景中加以切实应用。这一过程不但能够有效巩固记忆，还能够显著提高解决实际问题的能力。正如"U"右侧的上升过程一样，我们在这一阶段将释放出巨大的潜力，成功实现自我超越。

U 型学习法的巨大价值在于它着重强调了学习的主动性和深度。在传统的学习模式当中，我们往往是被动地去接收知识，缺少深入思考以及主动探索的动力和积极性。而 U 型学习法则积极鼓励我们成为知识的主动建构者，通过复盘这一关键环节不断优化和完善自己的认知结构，进而大幅度提高学习效率。这种方法不仅适用于学术学习，也同样适用于职业发展和个人成长。

下面是一些具体的应用例子，展示了 U 型学习法在不同领域的实际操作方式。

1. 学术研究

案例背景：李明是一位生物学研究生，正在研究植物对干旱环境的适应机制。

知识获取：李明通过阅读相关领域的最新科研文章、参加国际学术会议以及与导师和同行进行讨论，积累了大量关于植物抗旱性的理论知识。

复盘：在实验室中，李明设计了一系列实验来测试不同的植物品种在干旱条件下的生长。实验结束后，他对数据进行了详细的分析，对比了预期结果与实际结果之间的差异，并回顾实验过程，思考可能的原因。

知识输出：基于实验结果和复盘后的结论，李明撰写了一篇研究论文，并提交给一家知名科学期刊。此外，他还利用自己的研究成果在学术会议上作了一个口头报告，与同行分享了他的发现。

2. 技能培训

案例背景：张华是一名市场营销人员，他想要提高自己的数据分析能力，以便更好地理解市场趋势和消费者行为。

知识获取：张华报名参加了数据分析的在线课程，系统地学习了统计学原理、数据可视化工具和预测建模技术。

复盘：在完成课程学习后，张华开始将所学的知识应用于日常工作，比如使用 Excel 或 Python 进行数据清洗和分析。他记录了每一步的操作过程，遇到问题时会查阅资料或者向同事求助。

知识输出：张华将自己在数据分析方面的经验整理成一份内部培训手册，供团队成员参考。此外，他还主动承担了公司内部的数据分析培训工作，帮助同事提升技能。

3. 个人兴趣

案例背景：赵晓是一名历史爱好者，特别喜欢研究中国古代史。

知识获取：赵晓通过阅读历史书籍、观看纪录片、访问博物馆和考古遗址，收集了丰富的关于中国古代社会的信息。

复盘：赵晓定期整理自己学到的知识点，制作成思维导图或笔记。还在线上的历史论坛与其他历史爱好者交流心得，从不同视角解读历史事件。

知识输出：赵晓开通了个人博客，撰写了一系列关于中国古代史的文章，内容涉及文化、战争、经济等多个方面，吸引了许多对中国历史感兴趣的读者。

这些案例表明，U型学习法不仅仅是一种理论模型，更是一种可以实际操作的学习方法，它鼓励人们不断地探索、反思和分享，从而在各个领域都能取得进步。

总之，在知识更新迭代日益加快的今天，U型学习法为我们提供了一种有效的学习途径，可以帮助我们在复杂多变的世界中找到自己的立足点。

第四章

管理复盘,打造战斗力爆表的团队

如何让团队保持高效运转,发挥出最大的战斗力,是每一位管理者都需要认真思考的问题。管理复盘作为一种有效的管理工具,可以帮助管理者和团队成员发现问题、总结经验、持续改进,进而打造一支战斗力爆表的团队。

用高效复盘提升团队业绩和能力

在现代商业环境下,团队的业绩与能力,直接关乎企业的竞争力及发展潜力。因此,采用行之有效的方法来提升团队表现,显得尤为关键。复盘作为一种系统性的反思工具,对促进团队成长、提高工作效率,有着不可小觑的作用。

首先,复盘能够助力识别问题。项目结束后,团队成员可共同回顾整个流程,找出致使项目成功或失败的关键因素。这有助于发现潜在问题与瓶颈,进而采取相应举措予以解决。此外,通过对比其他类似项目的经验教训,还能借鉴他人的成功做法,避免重蹈覆辙。

其次,复盘有利于提升团队协作能力。在复盘过程中,团队成员需相互交流、分享见解,这有助于增进彼此的了解与信任。同时,通过探讨并解决问题,团队成员能够更好地协调工作,形成更为紧密的合作关系。这种良好的团队氛围,将有利于提高工作效率,进一步提升团队业绩。

再次,复盘能够推动个人成长与发展。在复盘时,团队成员需对自身表现进行客观评估,发现自身的优点与不足。这会激励他们不断学习进取,提升自身专业技能与综合素质。同时,通过观察学习他人,团队成员还能拓宽视野,丰富知识储备,为今后的工作积累宝贵经验。

最后,复盘有助于营造持续改进的企业文化。在注重复盘的企业,员工会更加关注工作质量与成果,积极寻求创新与突破。这种积极向上的氛围,将推动整个团队不断奋进,实现更高的业绩目标。

　　李明是一位项目经理,其所负责的团队常常面临各类复杂问题与挑战。不过,李明有一个独特优势,即善于开展复盘工作。无论项目成功与否,他都会组织团队成员一同回顾整个过程,分析得失,总结经验。

　　有一回,李明团队负责的一个项目在中期遭遇严重问题,进度大幅滞后,团队成员间也产生了分歧与矛盾。面对这种状况,李明并未选择逃避或指责,而是决定开展一次深入的复盘。

　　在复盘会议上,李明首先鼓励团队成员充分表达自身观点与想法,无论是成功经验还是失败教训,都欢迎大家分享。接着,他引导大家共同分析项目出现问题的原因,从项目计划、资源分配、沟通协调等多个维度进行了深入探讨。

　　在复盘过程中,李明发现了一些此前被忽视的问题,例如,对项目计划过于乐观、资源分配不合理、团队成员间沟通不畅等。同时,他也看到了团队成员的努力付出,以及他们在面对困难时的坚韧与勇气。

　　通过这次复盘,李明与团队成员之间建立起了更为深入的理解与信任。他们共同制定了有针对性的改进措施,并重新调整了项目计划。在后续工作中,团队成员间的沟通与协作越发顺畅,项目也逐渐步入正轨。

　　从这一具体事例中,我们能够看到复盘在提升团队业绩与能力方面的显著作用。它不仅能够帮助团队找准问题的症结所在,还能激发团队成员的创造力与协作精神,推动团队持续进步与发展。

　　为实现高效复盘,需构建一套完备的复盘机制。这涵盖明确复盘流程、确定参与人员、设定复盘目标与时间等。此外,团队领导者在复盘过程中起着至关重要的作用,他们需要正确引导讨论、确保复盘的客观性与有效性,并推动改进措施的落地实施。

总之，复盘是一种强有力的团队管理工具，能够助力团队在不断变化的市场环境中，保持敏锐的洞察力与竞争力，实现持续进步与发展。因此，团队应高度重视复盘的作用，并将复盘融入团队的日常工作流程，使其成为推动团队不断前进的强大动力。

团队复盘中的三种角色

团队复盘，作为一种反思与学习的过程，通常涉及多个角色的参与。其中，引导者、设问者和叙述者是三种关键角色。他们各自承担着不同职责，共同推动复盘过程顺利进行。

引导者是复盘过程中的核心人物，负责把控整个复盘的流程与方向。引导者不仅需要具备深厚的专业知识和丰富的经验，以便在复盘过程中给出有价值的见解和建议；还需要具备良好的沟通与协调能力，以确保复盘过程中各方能够有效参与和合作。在复盘开始时，引导者会明确复盘目标和范围，制订详细的复盘计划，并为其他参与者分配相应任务。在复盘过程中，引导者会密切关注进展情况，及时调整策略与方法，以保证复盘的有效性和高效性。

设问者是复盘过程中的关键角色之一，其主要职责是通过提问引导参与者深入思考与反思。设问者需要具备敏锐的观察力和洞察力，能够发现复盘过程中的问题与不足。同时，设问者还需要具备良好的沟通与表达能力，以便清晰地传达问题和观点。在设问者的引导与启发下，参与者能够更深入地理解问题的本质与成因，进而找到更有效的解决方案和改进措施。

叙述者是复盘过程中的另一个重要角色，负责记录和整理复盘过程中的信息与数据，为后续的分析和总结提供依据。叙述者需要具备扎实的文字功底和数据分析能力，以便准确记录和整理信息。同时，叙述者还需要具备良好的组织能力和逻辑思维能力,能够将复杂的信息和数据整理成清晰、有条理的报告。在复盘过程中,叙述者会认真听取参与者的发言与讨论,记录下重要信息和观点。复盘结束后,叙述者会依据记录的信息和数据撰写复盘报告,对复盘过程进行全面的分析与总结。

下面,以一个虚拟的项目团队复盘场景为例,具体说明引导者、设问者和叙述者在复盘过程中的角色和职责。

某公司计划在一个月内利用大型促销活动提升某款热门产品的销量。然而,活动结束后,销售额仅达到了预期目标的70%。公司高层决定立即进行复盘,找出问题所在。

1. 引导者职责与表现

设定基调:引导者首先明确了复盘的目的——找出销售额未达标的原因,并提出改进建议。

控制流程:引导者制定了详细的复盘流程,确保每个环节有序进行,避免讨论偏离主题。

促进交流:引导者鼓励团队成员积极参与讨论,营造一个开放、包容的氛围。

2. 设问者职责与表现

提出关键问题:设问者提出一系列深入的问题引导团队成员思考。例如:"促销活动的宣传是否到位?""产品的价格策略是否合理?""客户反馈如何?"

激发思考:设问者提出了一些挑战性的问题。例如:"如果我们重新设计促销方案,会有什么不同的结果?""如果采用方案B会导致什么不利后果?"这些问题激发了团队成员的深入思考和分析。

促进反思:设问者帮助团队成员从不同角度审视问题,促使大家反思整个活动的策划和执行过程。

3. 叙述者职责与表现

陈述事实：叙述者详细陈述了促销活动的各个环节，包括市场调研结果、宣传方案、销售数据等。

分享经验：叙述者分享了在活动执行过程中遇到的具体问题和解决方案，如物流延误、客户投诉处理等。

记录要点：叙述者记录了复盘过程中的关键讨论点和决策结果，并整理成文档供后续参考。

通过这次复盘，团队发现了以下几个关键问题：

（1）宣传不足：促销活动的宣传渠道和力度不够，导致目标客户群体未能充分知晓活动信息。

（2）价格策略不合理：产品的定价高于市场平均水平，降低了客户的购买意愿。

（3）客户服务待提升：活动期间客服人员的响应速度和处理效率有待提高。

基于复盘结果，团队制定了以下改进措施：

（1）加强宣传：增加广告投放渠道和频次，利用社交媒体和KOL（关键意见领袖）进行推广。

（2）优化定价：重新评估并调整产品价格，使其更具竞争力。

（3）提升客户服务：加强客服团队的培训，提高响应速度和服务质量。

经过一系列改进后，公司在下一次促销活动中实现了销售额的显著提升，达到了预期目标，并获得了客户的高度评价。

从上面这个事例，我们可以看到引导者、设问者和叙述者在复盘过程中发挥的关键作用。他们在复盘过程中各司其职，相互配合，共同推动复盘的有效进行。引导者确保复盘过程有序进行，设问者通过提问激发深入思考，叙述者则负责提供详细的事实和数据支持。只有各个角色充分发挥其作用，复盘才能达到预期的效果，帮助团队成员从中吸取教训，提升未来的表现。

　　总之，在团队复盘中，明确这三种角色的职责和技能要求，并在实际操作中进行合理分工，团队才能够更高效地进行复盘，最终提升整体业绩和能力。

团队复盘引导的"三阶九步法"

"三阶九步法"是一种结构化的团队复盘方法,旨在系统地回顾过去的工作,分析成败原因,提炼经验和教训,以指导未来的行动。它将复盘过程分为三个阶段,每个阶段包含三个步骤,共计九个步骤,因此得名"三阶九步法"。

以下是该方法的详细步骤:

第一阶段:准备阶段(3步)。

第一步:明确复盘目标。

职责:引导者负责确定复盘的主要目标和预期成果。

操作:与团队成员讨论并确定复盘的具体目标,如识别问题、分享经验、制定改进措施等。

第二步:制订复盘计划。

职责:引导者负责制订详细的复盘计划,包括时间安排、参与人员、讨论主题等。

操作:编制复盘日程表,分配各环节的时间和责任,确保每个环节有序进行。

第三步:收集相关资料。

职责:叙述者负责收集复盘所需的相关数据和资料。

操作:整理项目报告、用户反馈、市场调研等信息,确保复盘过程中有充分的数据支持。

第二阶段：执行阶段（3步）。

第四步：开场引导。

职责：引导者负责开场，设定复盘的基调。

操作：简要介绍复盘的目的和流程，鼓励团队成员积极参与讨论。

第五步：深入分析与讨论。

职责：设问者负责提出关键问题并引导团队进行深入分析。

操作：提出一系列有深度的问题，激发团队成员思考，挖掘问题的本质和根源。

第六步：分享与记录。

职责：叙述者负责分享相关经验和记录讨论要点。

操作：详细陈述项目中的关键事件和数据，记录复盘过程中的重要讨论点和决策结果。

第三阶段：总结与行动阶段（3步）。

第七步：总结关键发现。

职责：引导者负责总结复盘过程中发现的关键问题和改进要点。

操作：汇总团队成员的意见和建议，提炼出主要问题和解决方案。

第八步：制订行动计划。

职责：团队成员共同制订具体的行动计划和改进措施。

操作：明确各项改进措施的责任人、时间节点和预期效果，确保措施的可执行性。

第九步：跟进与反馈。

职责：引导者负责后续的跟进和反馈。

操作：定期检查行动计划的执行情况，收集反馈信息，及时调整和改进。

"三阶九步法"提供了一个清晰的框架，帮助团队有序地进行复盘。这种方法不仅能够有效总结过往经验，还能为未来的项目管理提供宝贵的参考，适用于各种规模的团队和不同类型的工作项目，是提升团队绩效和组织能力的有效途径。

下面，我们通过一个具体事例，看看"三阶九步法"在实际中的应用。

某营销公司在上一年度末举办了一场大型促销活动，活动的主要目标是提升品牌知名度和销售额。活动结束后，公司决定组织一次团队复盘会议，使用"三阶九步法"来评估活动的效果，总结经验教训，为下一次活动做更好的准备。

第一阶段：准备阶段。

第一步：明确复盘目标。

职责：引导者（市场部经理）确定了复盘的目标，即评估活动的整体效果，识别成功因素和改进要点。

操作：与团队成员讨论后，明确了三个主要复盘目标，即分析活动达成的销售目标情况、用户反馈及市场反应、活动执行过程中的挑战。

第二步：制订复盘计划。

职责：引导者制订出详细的复盘计划，包括时间表、参与人员和讨论主题。

操作：安排了一周后的复盘会议，分配了数据收集和分析的任务给叙述者，并准备了相关的讨论问题。

第三步：收集相关资料。

职责：叙述者（市场分析专员）负责收集活动期间的销售数据、用户反馈和市场调研报告。

操作：整理了活动的销售报告、社交媒体互动数据和客户调查问卷结果。

第二阶段：执行阶段。

第四步：开场引导。

职责：引导者在会议上开场，介绍了复盘的目的和流程。

操作：简要回顾了活动的目标和预期成果，鼓励团队成员积极参与讨论。

第五步：深入分析与讨论。

职责：设问者（项目经理）负责提出关键问题并引导团队进行深入分析。

操作：提出了诸如"哪些营销渠道表现好？""用户反馈中有哪些共性问题？"等问题，激发团队成员深入思考和分析。

第六步：分享与记录。

职责：叙述者分享了活动中的关键数据和经验。

操作：详细陈述了不同营销渠道的效果对比和用户反馈的具体情况，记录了团队成员的重要意见和建议。

第三阶段：总结与行动阶段。

第七步：总结关键发现。

职责：引导者总结了复盘中发现的关键问题和成功点。

操作：指出社交媒体广告效果超出预期，而电子邮件营销的转化率较低。

第八步：制订行动计划。

职责：团队共同制定了具体的改进措施。

操作：决定增加社交媒体的广告预算，并优化电子邮件营销的内容和发送时间。

第九步：跟进与反馈。

职责：引导者负责后续的跟进和反馈。

操作：安排了定期的进度检查和反馈会议，确保改进措施得到有效执行。

在这次复盘的过程中,团队不仅识别了活动中存在的问题,还制定了针对性的改进措施。在随后的营销活动中,团队的销售业绩显著提升,用户反馈也更加积极。

这个具体事例展示了"三阶九步法"在实际团队复盘中的应用效果。通过系统化的步骤,团队有效地评估了活动效果,发现了改进空间,并制定了具体的改进措施。这种方法不仅适用于营销项目,还适用于其他类型的工作项目,能帮助团队不断提升绩效和组织能力。

总之,"三阶九步法"是一个强大的团队复盘工具,不仅能够帮助团队从过去的经验中学习,还能够促进团队的成长和发展。借助这一方法,团队可以更好地理解自己的工作方式,发现潜在的改进空间,最终实现持续的自我提升和优化。

如何在团队内部推广复盘

在团队内部推广复盘，不仅可以提升团队的整体业绩和能力，还能增强团队的协作和创新能力。然而，推广复盘难以一蹴而就，需要系统化的策略和方法。以下是一些在团队内部成功推广复盘文化的有效方法：

1. 高层支持与倡导

领导示范：高层管理者应该首先认识到复盘的重要性，并以身作则来树立榜样，比如，主动参与复盘会议，公开分享个人的成功经验和失败教训。这不仅能提升复盘的权威性，还能激发员工的参与热情。

政策支持：制定相应的政策，鼓励和支持团队进行定期复盘，并将其纳入日常工作中。

2. 培训与教育

培训课程：组织专门的培训课程，教授团队成员如何有效地进行复盘，包括复盘的基本原则、步骤、技巧等。

案例学习：分享成功的复盘案例，让团队成员看到复盘带来的积极影响，激发他们的兴趣和参与热情。

3. 制定明确的复盘流程

标准化流程：开发一套适合团队特点的复盘流程，明确每个步骤的操作指南，确保团队成员知道如何进行操作。

工具支持：提供必要的工具和技术支持，如提供在线文档、项目管理软件等，帮助团队高效完成复盘工作。

4. 创建安全的环境

开放沟通：营造一个开放、包容的沟通氛围，鼓励团队成员坦诚地表达意见和感受，即使是对失败的反思。

无责备文化：强调复盘是为了学习和成长，而不是为了指责或惩罚，确保每个人都能在没有压力的情况下分享自己的见解。

5. 引入专业引导

培训引导者：培养或引进专业的复盘引导者，确保复盘过程的专业性和有效性。

角色分工：明确引导者、设问者和叙述者的角色和职责，确保复盘顺利进行。

6. 定期实践

定期复盘：将复盘作为一项常规工作，比如，在项目结束时、重要决策后或者定期（如每月/季度）进行复盘。

灵活调整：根据团队的具体需求和实际情况，灵活调整复盘的频率和形式。

7. 反馈与激励

积极反馈：对团队成员在复盘过程中表现出的积极态度给予认可和表扬。

成果展示：定期总结复盘的成果，并向整个团队或公司展示，增强团队的成就感和归属感。

激励机制：对在复盘过程中有突出贡献的个人或小组，可以给予适当的物质奖励或精神奖励。

8. 持续优化

持续改进：将复盘作为一个持续的过程，不断地收集反馈，评估复盘的效果，对复盘方法和流程进行必要的优化。

知识共享：建立一个知识库，记录每次复盘的关键发现和最佳实践，便于未来参考和学习。

9. 建立长期机制

制度化：将复盘纳入公司的管理体系，形成制度化的复盘机制。

持续跟进：定期检查和评估复盘的效果，确保复盘文化的持续发展。

通过上述方法，可以逐步在团队内部建立起一种积极的复盘文化，使团队成员能够从每一次经历中学习和成长，从而不断提升团队的整体表现。

怎样扩大复盘的影响力

复盘，作为一种既简洁又高效的团队或组织学习方法，其内在潜力与价值不容小觑。要真正挖掘并充分发挥复盘的全部价值，关键在于智慧且充分地利用复盘所得出的宝贵结果。

为了最大化复盘的正面效应，我们可以从两个至关重要的维度入手，以此扩大复盘的影响力与覆盖范围，确保每一次复盘都能成为推动团队乃至整个组织持续进步的强大动力。

1. 扩大复盘结果的共享范围

从扩大复盘结果共享范围的角度来看，应当致力于打破信息孤岛，让复盘所得的知识与经验不再局限于某个特定部门或局部单位的小圈子内。这意味着，复盘的过程与成果应当被视作整个组织的共同财富。为了实现这一目标，需要建立有效的沟通机制与分享平台，确保这些信息能够流畅地传递给组织中的每一个团队、每一个成员。

通过这种方式，复盘不仅能够帮助直接参与的团队识别问题、总结经验、实现局部改善，更能激发整个组织内部的学习热情与创新动力。

具体而言，我们可以通过定期的内部培训、跨部门研讨会以及在线知识库等方式，促进复盘结果的广泛传播与应用。例如，在每次复盘结束后，组织可以安排专门的分享会，邀请复盘团队向全体员工详细介绍复盘的过程、发现的问题以及改进措施。这不仅能提高其他团队的参与感和认同感,还能为他们提供宝贵的经验和教训,从而避免类似问题的发生。

此外,复盘结果的共享还可以促进跨团队之间的知识共享与协作,形成良性循环。当不同团队能够共享彼此的复盘成果时,他们不仅可以互相学习、取长补短,还能在合作中找到更多的创新机会。这种跨部门的协作不仅能提高组织的整体效率,还能增强员工的归属感和团队精神,推动整个组织向更高水平迈进。

2. 丰富复盘结果的应用类型

丰富复盘结果的应用类型,是深化复盘价值、实现更广泛影响的另一大策略。复盘不应仅仅停留在理论学习与经验总结层面,而应成为推动实际行动改进与组织运作优化的重要工具。在实际应用中,需将复盘得出的洞察与策略转化为具体的行动计划,以此指导团队成员在日常工作中避免重蹈覆辙,更有效地应对挑战,以及通过流程优化、技术创新等手段,实现组织效能的全面提升。

例如,在复盘时发现某个流程存在明显瓶颈,便可组织相关团队深入分析,制定详细的改进方案。通过引入新工具或调整工作流程,能显著提高工作效率,减少资源浪费。同时,复盘结果还可用于指导未来的项目规划与资源配置,确保每项决策都基于过往经验教训,最大限度降低风险、提升成功率。

此外,还可以将复盘结果融入组织文化,鼓励员工主动寻求自我反思与成长的机会,营造一种持续改进、勇于探索的组织氛围。通过设立奖励机制、开展创新竞赛以及搭建开放的学习平台,激发员工的创造力和主动性,促使他们在日常工作中不断追求卓越。这种文化氛围,不仅有助于员工的个人成长,还能在更深层次推动组织的整体进步与长远发展。

综上所述,扩大复盘的影响力,需从扩大复盘结果的共享范围和丰富复盘结果的应用类型这两个维度着手。通过实施这些策略，不仅能提升组织的整体效能，还能激发员工的创新精神，形成良性循环，促进知识、经验与智慧的传承和创新，最终为组织的可持续发展奠定坚实基础。

团队沟通复盘：缓解彼此间的观点分歧

在现代工作环境中，团队合作已成为常态。然而，由于团队成员背景、经验和思维方式各异，难免会产生观点分歧。这些分歧处理不当，不仅会破坏团队的和谐氛围，还可能阻碍项目的顺利推进。因此，通过团队沟通复盘，以结构化、反思性的方式审视和处理这些分歧，就显得尤为重要。

首先，团队沟通复盘的核心在于营造一个开放、包容的讨论环境，让每位成员都能感受到被尊重与理解。这意味着在复盘过程中，要鼓励团队成员踊跃表达自身观点，同时也要学会倾听他人意见，哪怕是与自己完全不同的意见。通过设立"无批评区"或"建议箱"等机制，能够有效减轻成员表达不同意见时的心理负担，推动更加坦诚、深入的交流。

其次，复盘时应着重理解分歧背后的原因与动机。很多情况下，观点分歧并非简单的对错之分，而是源于不同视角、价值观或对信息的不同解读。要引导团队成员进行深度的自我反思与相互理解，帮助大家认识到这些差异，学会从他人视角看待问题，进而增强同理心。这种深度对话不仅有助于化解当下矛盾，还能增强团队的凝聚力与适应能力。

再次，团队沟通复盘需制订具体的行动计划，以应对和缓解已出现的观点分歧。这可能涵盖明确沟通规则，比如：运用"我"句式表达感受与需求，避免指责和攻击；定期组织团队建设活动，增进成员间的相互了解与信任；引入中立的第三方调解者，协助团队达成共识、找到解决方案。实施这些行动计划，能够提升团队的沟通效率与问题解决能力，确保分歧得到有效管控，不至于成为团队前进的阻碍。

最后，团队沟通复盘不应是一次性的活动，而应融入团队文化，持续开展。通过定期回顾团队沟通的成效，发现改进空间，不断调整和优化沟通策略，团队便能逐步构建一套高效、和谐的沟通机制，有效缓解成员间的观点分歧，促进团队整体的成长与成功。

下面是一个具体的事例，展现了一个团队是如何通过沟通复盘来缓解彼此间观点分歧的。

一家软件开发公司的一个项目团队在开发新产品的过程中遇到了挑战。团队由产品经理、设计师、开发人员和市场专员组成。在产品设计阶段，产品经理希望加入尽可能多的功能来吸引用户，而开发人员则认为过多的功能会导致项目延期。双方因此产生了严重的分歧，导致项目进展缓慢。

以下是沟通复盘过程：

1. 准备阶段

领导层介入：项目经理意识到问题的严重性，决定组织一次沟通复盘会议，旨在解决团队内的分歧。

设定基调：在会议前，项目经理向所有成员发送了一封邮件，强调了会议的目的——找到最佳方案，而不是追究责任。

2. 开会讨论

建立安全环境：会议开始时，项目经理重申了保密原则，并鼓励大家开放地分享意见。

使用"我"句式：产品经理表达了他的担忧——"我担心如果我们的产品功能不够丰富，可能会在市场上失去竞争力。"开发人员则说——"我担心过多的功能会导致我们无法按时交付高质量的产品。"

3. 寻找共同点

团队成员开始寻找双方都能接受的目标，比如，"我们都希望产品成功上市，并获得用户的认可"，"希望有一种模式既可以让功能变多同时又能保证项目进度"。

4. 探讨解决方案

团队成员提出了几个折中的方案，如先发布一个核心功能完善的基础版本，后续根据用户反馈逐步添加更多功能。

设计师建议可以通过用户调研来确定哪些功能是最受期待的，这样可以优先开发那些功能。

5. 制订行动计划

经过讨论，团队决定采取设计师的建议，先进行一轮用户调研，然后根据调研结果制订产品开发计划。

分配了具体的任务给各个成员，比如，产品经理负责协调用户调研，开发人员准备可行性产品技术方案，等等。

6. 跟进与评估

会议结束后，项目经理创建了一个共享文档，记录了会议的决策和每个人的任务清单。

约定两周后再次召开会议，评估进展情况，并根据实际情况调整计划。

通过这次沟通复盘，团队成员之间的误解得到了澄清，双方都明白了对方的立场和顾虑。更重要的是，他们找到了一条既能保证产品质量又不牺牲市场竞争力的道路。项目最终按计划顺利推进，团队的合作也变得更加紧密和谐。

从上面这个事例可以看出，在处理团队内部观点分歧的过程中，沟通复盘是一种行之有效的方法。这一方法不仅能够有效地识别和解决沟通中的分歧，而且还能显著提升整体的沟通效率和团队协作能力，同时为未来的沟通提供了宝贵的经验和指导，使团队在处理类似问题时能够更加游刃有余。

事实表明，团队沟通复盘是缓解观点分歧、促进团队协作的重要工具。在未来的团队管理中，我们应当更加重视沟通复盘的作用，将其作为团队建设的核心环节，以促进团队建设。

第五章

关系复盘,让你的人际关系更和谐

在复杂多变的社会中,良好的人际关系是我们生活和工作的重要支撑。然而,很多时候,我们会在不知不觉中陷入人际关系的困境。关系复盘作为一种自我反思和改进的方法,可以帮助我们更好地理解和管理人际关系,让我们的社交生活更加和谐愉快。

会复盘的人,都能和他人友好相处

在现代社会,人际关系的复杂程度与日俱增。无论是亲人、朋友还是同事,对各种关系的妥善维护与处理堪称一门艺术。而复盘,作为提升人际交往能力的有效手段,其重要性不言而喻。

复盘过往的人际关系,我们能够反思自身在沟通、合作、冲突解决等方面的表现,发现可能存在的盲点与不足。与此同时,我们还能学习他人的优秀做法与策略,借鉴其成功经验。这种反思与学习,不仅有助于我们更好地理解自身及他人的行为模式,还能提升情商与人际交往技巧。

1. 家庭关系的复盘

家庭作为我们生活中关系最为亲密的社会单元,承载着爱与支持,然而,它也不可避免地成为矛盾和冲突的滋生地。在这个小小的社会圈子里,每个成员都有不同的个性、需求和期望,这些差异常常成为引发争执的根源。为避免和缓解家庭关系中的不和谐,对家庭关系进行复盘很有必要。我们可以通过复盘家庭中的各类事件,明确哪些沟通方式行之有效,哪些行为会引发不必要的争执。例如,在某次家庭聚会中,大家因某个话题产生激烈争论,复盘时便可分析争论原因,究竟是话题选择不当,还是沟通方式存在问题。通过反思,我们能够找到改进方法,防止类似情况再次发生。

王女士与丈夫在育儿观念上存在分歧。王女士认为应让孩子自由发展,不过多干涉;而丈夫则觉得应对孩子进行严格管教,以确保孩子养成良好习惯。这种分歧致使两人在日常生活中频繁争吵。

为了家庭和睦,王女士进行复盘,开始反思自己的育儿方式,并尝试理解丈夫的做法。她意识到,丈夫的严格管教并非出于恶意,而是源于对孩子的爱与关心。于是,她主动与丈夫深入沟通,详细阐述自己的观点,同时认真倾听丈夫的意见。在沟通中,双方逐渐找到了共同点,并制订出更为合理的育儿计划。从此,家庭氛围越发和谐,夫妻关系也得到改善。

家庭是爱的港湾,却也是最易产生矛盾之处。通过复盘家庭中的各类事件,我们能够探寻到更为有效的沟通方式与行为模式,以维护家庭的和谐与幸福。

2. 朋友关系的复盘

友谊是人生旅程中不可或缺的一部分,它能给予我们支持、安慰与快乐。然而,如同任何有价值的事物一样,友谊也需精心呵护。通过复盘与朋友的交往经历,我们能够增进对彼此的理解,推动关系健康发展。

小张和小李是大学时的室友,关系十分要好。但在一次聚会中,因一些小事两人产生误会,关系变得紧张。事后,小张通过复盘意识到,这次误会或许是由自己的言行不当所致,于是,他主动找到小李,诚恳地表达歉意,并解释当时的想法与动机。在沟通中,小张还认真倾听小李的意见和感受,并表示愿意改正自身不足。最终,两人消除误会,和好如初。

友谊宛如花园中的花朵,需不断浇水、修剪才能绽放美丽。通过复盘与朋友的交往过程,我们能够更深刻地认识到维系友谊的重要性与方法。在持续的努力与调整中，友谊将越发坚固，成为生命中最珍贵的礼物之一。

3. 职场关系的复盘

职场关系是现代生活中不可或缺的部分，良好的职场关系有助于个人职业发展。通过复盘职场中的各类事件，我们能够改善与同事的关系，提升工作效率与团队合作能力。

在一家公司里，市场部的小张和产品部的小李因一次项目合作产生分歧。小张认为产品的市场推广策略应更为激进，以便迅速占领市场；而小李则觉得应稳健推进，确保产品的质量与口碑。双方各执己见、互不相让，导致项目进展受阻。

小张是个善于复盘的人。冷静下来后，他开始反思自己的立场与沟通方式。他意识到，自己在表达观点时可能过于强硬，未充分考虑小李的感受。于是，他主动找到小李，以平和的态度重新探讨这个问题。

在讨论中，小张充分表达自己的观点，也认真倾听小李的意见，并尝试从对方角度理解问题。最终，双方达成一致意见，项目得以顺利推进。

职场中的每一次经历都是宝贵的学习机会，同事关系也是极为重要的人际关系。通过认真复盘，我们不仅能提高解决问题的能力，还能培养更为成熟的职业态度，建立更为和谐的人际关系。

综上所述，善于复盘的人在处理人际关系时，能够展现出更高的智慧与情商。他们善于反思自身言行和沟通方式，并尝试理解对方的立场与感受。这种态度有助于消除误会与分歧，增进彼此间的理解与信任，进而与他人友好相处。

再好的关系,也要保持适当的距离

在我们的社交圈中,关系的维护和管理是一门艺术。无论是友情、亲情还是工作关系,保持适当的距离对于维护健康的人际关系至关重要。

保持恰当的距离意味着即便是在最亲密的关系中,也要为彼此留下足够的私人空间和个人自由。这样做不仅有助于每个人保持个性和独立性,还能有效防止由于过分依赖对方而给对方造成心理压力或不安定感。适当的距离,犹如磁石间的引力平衡,既保有相互吸引的魅力,又避免了过于紧密所致的矛盾与摩擦,是维系健康关系的良策。然而,在实际生活中,许多人往往忽略了这一点的重要性,从而导致了一系列不必要的问题和烦恼。通过复盘过往的人际交往经历,能更加深刻地理解到,保持适当距离对于健康关系的必要性。

以下是一些鲜活的案例,它们呈现了在不同情境下借助复盘来理解和把控人际关系适宜距离的方式。

事例一:职场中的上下级关系。

1. 背景

张主任是某公司的部门主管,他手下有一名得力干将小李。两人平时关系融洽,经常一起讨论工作、分享生活。然而,随着时间的推移,张主任发现小李在某些决策上开始过于依赖他,甚至在一些非工作场合也过度关注他的动向。

2. 复盘过程

识别问题：张主任意识到，这种过于亲密的关系可能影响到小李的独立性和职业成长，同时也可能对自己的管理权威产生负面影响。

分析原因：他回顾了与小李的交往过程，发现自己在某些时候可能过于迁就小李，没有明确界定工作与个人生活的界限。

制定策略：张主任决定与小李进行一次坦诚的沟通，明确工作与个人生活的界限，并鼓励小李在工作中更加独立和自主。

实施与调整：在沟通后，张主任开始有意识地与小李保持一定的距离，同时在工作中给予小李更多的自主权。小李也逐渐适应了这种变化，工作表现得更加出色。

3. 结果

在复盘和调整之后，张主任与小李的关系回到了一个更加健康和专业的状态。两人既保持了良好的工作关系，又避免了过度依赖和亲密带来的负面影响。

事例二：朋友间的相处之道。

1. 背景

小赵和小王是大学时的好友，毕业后两人虽然不在同一个城市工作，但经常通过电话、微信等方式保持联系。最近一段时间，小赵发现小王在聊天中经常询问他的私人生活细节，甚至对他的生活方式提出批评和建议。

2. 复盘过程

识别问题：小赵感到私人空间被侵犯，开始对小王的过度关注感到不适。

分析原因：他回顾了与小王的交往过程，发现两人在大学时关系非常亲密，但毕业后生活环境和价值观发生了变化，导致对彼此的需求和期望也发生了变化。

制定策略：小赵决定与小王进行一次坦诚的沟通，表达自己的感受和需要，并希望小王能够尊重他的私人空间。

实施与调整：在沟通后，小赵和小王开始有意识地调整彼此的交往方式，减少了私人生活方面的交流，更多地关注共同的兴趣和话题。

3. 结果

在复盘和调整之后，小赵和小王的关系得到了改善。两人虽然不再像大学时那样亲密无间，但更加尊重彼此的需求和边界，保持了健康、稳定的友谊。

事例三：家庭中的亲子关系。

1. 背景

刘女士是一位单亲妈妈，她与女儿小芳的关系一直非常紧密。然而，随着小芳进入青春期，刘女士发现女儿开始变得叛逆和难以沟通。

2. 复盘过程

识别问题：刘女士意识到，自己对女儿的控制和期望可能过于严格，导致女儿产生了反感和抵触情绪。

分析原因：她回顾了与女儿的相处过程，发现自己在女儿成长过程中一直扮演着"保护者"的角色，没有给女儿足够的自主权和成长空间。

制定策略：刘女士决定调整自己的教育方式，给予女儿更多的自由和信任，并尝试以更加平等和尊重的方式与女儿沟通。

实施与调整：在调整教育方式后，刘女士开始与女儿进行更加开放和坦诚的对话，倾听女儿的想法和感受，并给予积极的支持和建议。

3. 结果

在复盘和调整之后，刘女士与女儿的关系得到了显著改善。女儿小芳开始变得更加自信和独立，与妈妈的关系也更加和谐融洽。

这些事例展示了在不同情境下如何通过复盘来理解和维持人际关系的适当距离。无论是职场中的上下级关系、朋友间的相处之道还是家庭中的亲子关系，都需要通过不断地沟通和调整来找到彼此之间的平衡点。

关系再亲密的人，也要保持适当的距离。这种距离不仅是对彼此的尊重和保护，更是为了让亲密关系更加美好、持久。通过对过往经验的复盘，笔者总结了一些实用的方法，可以帮助你在日常生活中更好地实践这一原则。

（1）尊重个人空间：每个人都有对私人空间的需求，我们要尊重对方的个人空间，不要过度干涉或控制对方。

（2）保持独立性：保持一定的独立性，不要过度依赖对方。这不仅有助于提升个人的自我价值感和自信心，也有助于关系的平衡发展。

（3）明确界限：在关系中明确界限，这有助于减少误解和冲突，维护关系的和谐。例如，可以约定每周各自独处的时间，在沟通中更多地表达自己的感受和需求。

（4）适时调整：随着关系的发展，双方的需求和期望可能会发生变化。要适时调整关系中的界限和距离，以适应彼此的变化。

（5）倾听与理解：要注重倾听对方需求和感受的表达，理解对方的立场和观点。这有助于建立更深层次的信任和理解，从而保持适当距离。

（6）有效沟通：沟通艺术的精髓在于坦诚相见，只有坦诚才能形成有效沟通。例如，定期与朋友进行坦诚交流，了解彼此的界限，并适时调整自己的行为以保持适当的距离。

总之，保持适当距离既能更好地保护自己，又能让他人感受到尊重与恰如其分的关怀。所以，在这个日益紧密相连的社会中，保持适当的距离，是我们每个人都应该掌握的一门重要技能。

夫妻吵架后，如何及时复盘

在生活的琐碎与日常的摩擦中，夫妻之间难免会产生矛盾和争执。这些争吵往往如同暴风雨般激烈且短暂，然而风暴过后，留下的可能是满地的碎片和深深的伤痕。为了避免这样的伤害不断累积，及时复盘就显得尤为重要。

复盘并非简单地对争吵进行回顾，而是一次深入心灵的对话，一次真诚的自我反省，更是一次共同成长的机会。当争吵的硝烟散去，夫妻双方需要坐下来，平心静气地探讨刚才发生的一切，客观地回顾争吵的起因。也许是一句话，也许是一个动作，但背后的原因往往更为复杂。它可能涉及双方的价值观、生活习惯，甚至是深层次的心理需求。

在这个过程中，首先要做的是倾听。每个人都需要有机会表达自己的感受和想法，而不是被打断或指责。通过倾听，夫妻双方能够更深入地理解对方的立场和需求，进而找到争吵的根源。其次，双方需要进行深刻的自我反省，问问自己："我在争吵中扮演了什么角色？我的哪些行为或言语伤害了对方？我为什么会这样做？"通过反省，可以更清晰地认识到自身的问题，为后续的改变奠定基础。最后，夫妻双方可以共同探讨解决方案。这并非简单地找出谁对谁错，而是寻找一种双方都能接受的方式来处理矛盾。也许是改变原有的沟通方式，也许是调整彼此的期望，又或许是通过共同的努力来解决问题。

以下是一对夫妻吵架后及时复盘的具体事例：

张强和王芳是一对中年夫妻,他们共同经营着一家小店,生活虽然忙碌但充实。然而,由于经济压力和日常琐事的累积,两人之间的争吵逐渐增多。一次,因为小店的经营策略问题,两人再次爆发了激烈的争吵。张强认为应该扩大经营规模,增加商品种类,以吸引更多的顾客,而王芳则担心扩大规模会增加成本,降低利润率,同时也可能带来更大的经营风险。两人各执己见,互不相让,争吵中甚至出现了伤害双方感情的言语。事后张强和王芳夫妻进行了及时复盘,具体过程如下:

(1)冷静反思:争吵过后,两人都意识到自己过于冲动,决定冷静下来进行复盘。他们选择了一个安静的环境,坐下来开始回顾整个争吵过程。

(2)坦诚交流:在复盘的过程中,张强和王芳都坦诚地表达了自己的想法和担忧。张强解释了自己扩大经营规模的初衷,是为了增加收入,改善家庭经济状况。而王芳也表达了自己对经营风险的担忧,以及希望小店保持稳定盈利的愿望。

(3)寻找共同点:经过开放且坦诚的交流,两人逐渐找到了共同点,即都希望小店能够经营得更好,为家庭带来更多的收入。这个共同点成为他们和解的基础。

(4)制订解决方案:在找到共同点后,两人开始共同寻找解决方案。他们决定在扩大经营规模的同时,加强成本控制和风险管理,以确保小店能够稳定盈利。同时,他们也约定在未来的经营决策中,要更加充分地沟通和协商,避免类似的争执再次发生。

(5)表达感激:在复盘结束时,张强和王芳都表达了对对方的感激之情。他们感谢对方在争吵中能够保持冷静,愿意坐下来进行复盘,并共同寻找解决方案。这种感激之情让他们更加珍惜彼此的感情,也让他们更加坚定了共同经营小店的决心。

通过这次复盘,张强和王芳不仅解决了当前的争执,还增进了彼此之间的理解和信任。他们学会了更加成熟和理性地处理分歧。同时,他们也意识到,及时复盘并寻求解决方案是维护夫妻关系和谐稳定的重要手段。

这个事例充分说明了夫妻吵架后及时复盘的重要性。通过复盘,夫妻双方可以更加深入地了解彼此的想法和需求,找到问题的根源,并共同寻找解决方案。这不仅有助于解决当前的争执,还能增进夫妻之间的沟通和理解,加强彼此之间的信任和依赖。

夫妻争吵并不可怕,关键在于如何应对和解决。吵架后,若能冷静下来,及时进行复盘,将有助于双方更清晰地认识问题所在。同时,及时复盘还有助于预防未来的矛盾。通过回顾过去的争吵经历,双方可以发现一些潜在的风险点和规律,从而提前采取措施加以防范。这样不仅能减少不必要的争吵,还能让夫妻关系更加和谐稳定。以下是另一对夫妻争吵后及时复盘的案例:

李先生和王女士是一对夫妻。有一次,因家庭琐事,两人发生了激烈的争吵,甚至差点动手。事后,他们都感到十分后悔和痛苦,意识到这样下去不是办法。

于是,在第二天冷静下来之后,李先生主动提出要进行复盘,王女士也同意了这个提议。两人坐下来,开始了一场深入的对话。

李先生首先表达了自己的感受:"昨天晚上,我真的非常生气,我觉得你在一些事情上不够体谅我,我们的沟通也存在问题。"王女士听后,也表示了自己的不满:"我也觉得你昨天晚上太冲动了,有些话根本没考虑到我的感受。"

接着,两人开始反思自己的行为。李先生承认自己在争吵中过于激动,没有控制好自己的情绪,而王女士也意识到自己在表达上有些过于尖锐,没有给对方留余地。

随后,他们共同探讨了解决方案。李先生表示以后会更加注意自己的情绪管理,而王女士也承诺会尝试更加温和地表达自己的想法。两人还约定,在以后的生活中,遇到问题时要及时沟通,避免类似的争吵再次发生。

在这次复盘中,李先生和王女士不仅化解了之前的矛盾,还对彼此有了更深入的了解。他们发现,原来很多争吵都是因为彼此之间的误解和沟通不畅造成的,而现在他们已经找到了解决问题的方法,也更加珍惜彼此之间的感情。

之后,李先生和王女士的婚姻关系变得更加和谐稳定。他们学会了如何在争吵后及时复盘,如何共同解决问题,让婚姻生活充满了爱与温暖。

吵架是婚姻生活中的一部分。它像一场突如其来的风暴,会瞬间打破平静,带来紧张和冲突。如果不加以妥善处理,很可能会像滚雪球一样,越滚越大,最终对双方的感情造成难以弥补的伤害。所以,吵架后的复盘行为对于维护婚姻关系的和谐与稳定至关重要。

吵架后的复盘,不仅是对过去的一次总结,更是对未来的一次规划。它能够帮助夫妻双方更好地理解彼此,增进彼此之间的感情,进而共同构建一个更加和谐、美满的家庭。在这个过程中,双方都需要付出努力和耐心,并相信只要心中有爱,就一定能够克服一切困难,共同走向幸福的彼岸。

当然,复盘并不是一次性的行为,而是一个持续的过程。只有不断地反思和改进,才能更好地处理夫妻关系中的各种问题。

信任，让你赢得婚姻保卫战

在婚姻关系中，信任是不可或缺的关键要素。正如没有灵魂的躯壳无法真正存活，没有信任的婚姻也难以持久和幸福。只有建立了坚实的信任基础，夫妻双方才能共同应对生活中的挑战和困难。

在婚姻的长河中，并不会一帆风顺，夫妻必将面对种种考验与难题。这些挑战或许来自生活的琐碎，也或许来自外部环境的压力，又或许来自内心的挣扎与不安。在这样的时刻，信任就显得尤为重要。它能够让双方保持冷静与理智，共同寻找解决问题的方法，而不是陷入互相猜疑、指责的恶性循环。

然而，婚姻中的信任并非一成不变，它也可能因为种种原因而出现裂痕，甚至演变为信任危机。这时，复盘就成为一个极为有效的手段。复盘不仅仅是对过去事件的简单回顾，更是一次深入心灵的剖析与反思。在复盘的过程中，夫妻双方可以坐下来，平心静气地探讨彼此之间的信任问题。在复盘中，双方可以回忆那些曾经让信任受损的瞬间，分析其中的原因，探讨各自的感受。在这个过程中，双方都有机会倾听对方的心声，深入地了解彼此的需求和感受，从而找到改进的方向和策略，让婚姻之舟在风雨中稳健前行。

下面是一个关于复盘与信任在婚姻保卫战中的具体事例，展示了夫妻双方如何通过复盘和建立信任来共同应对婚姻中的挑战。

张伟和李芳是一对结婚五年的夫妻，他们的婚姻生活曾经充满甜蜜与和谐。李芳是一名小学教师，工作轻松。张伟是一名销售经理，工作繁忙且压力巨大，经常需要出差。

起初，两人还能通过电话和微信保持联系，分享彼此的日常点滴。但时间久了，这种沟通变得越来越少，共同度过的时间也日益减少。李芳开始感到孤独和不安，她渴望得到丈夫的关注和陪伴，但每次提出这个要求时，张伟总是以工作为由推托。这让她逐渐对这段婚姻产生了怀疑。

随着猜疑的加深，李芳的行为也开始变得异常。她开始频繁查看张伟的手机和社交媒体，试图从中找到某种"证据"，证明他是否还关心自己和家庭。这种行为不仅让张伟感到被侵犯和不被信任，还加剧了两人之间的紧张关系。

在一次复盘之后，张伟和李芳都意识到了问题的严重性。张伟承认，由于工作繁忙，他确实忽视了与李芳的沟通和陪伴。而李芳也反思了自己的行为，她意识到自己的猜疑和不信任其实源于内心的不安全感。

为了挽救这段婚姻，张伟和李芳决定采取以下措施：

定期沟通：他们约定每周都要安排一段时间，专门用于深入沟通，分享彼此的感受和想法。

建立信任：张伟承诺会尽量减少不必要的加班和出差，以便更多地陪伴家人；而李芳则承诺不再随意查看张伟的手机，给予他更多的信任和空间。

重建透明度：为了重建信任，他们决定更加坦诚地分享彼此的日常生活、决策和行动。他们意识到，透明度是维护信任的重要因素。

情感支持：张伟可以在工作中遇到困难时向李芳寻求安慰，而李芳在感到孤独时也可以向张伟寻求陪伴。通过互相支持，他们可以增强彼此的情感联系。

共同解决问题：两人约定，在遇到问题时，要共同寻找解决方案，而不是互相指责或逃避。

持续行动：信任的建立并非一朝一夕之事。为了巩固信任，张伟和李芳都付出了持续的努力。他们一起规划未来，为彼此设立新的目标。

在接下来的日子里，张伟和李芳开始严格执行这些措施。通过每周的固定沟通，彼此之间的误会和紧张关系逐渐缓解，他们重新找回了曾经的信任和理解。

这个具体事例充分展示了信任在婚姻保卫战中的重要作用。信任是婚姻中的基石，而复盘则是维护和修复信任的有效手段。通过复盘，夫妻双方能更好地理解彼此，识别问题，并制订有效的改进计划。

有时候，信任危机并不是突然爆发的，而是由一系列小问题逐渐累积而成的。通过复盘，夫妻双方可以及时发现这些问题，并采取措施加以解决，防止它们进一步恶化。

在复盘的过程中，双方要坦诚地表达自己的想法和感受。这有助于打破沉默和隔阂，增进彼此之间的亲密感。

第六章

情绪复盘，做个情绪稳定的成年人

　　掌控自己的情绪，保持情绪稳定，成为很多现代人追求的目标。情绪复盘是一种有效的方法，它可以帮助我们深入理解自己的情绪，找到情绪波动的根源，并制定相应的应对策略，从而帮助我们做一个情绪稳定的成年人。

情绪是复盘中的一条主线

情绪,作为人类内心活动的直接反映,对于理解事件的发展和参与者的行为至关重要。在复盘时,如果我们忽视了情绪这一关键因素,很可能会错过许多重要的线索和洞见。

以一场商业谈判为例,双方代表的情绪变化可能直接影响到谈判的进程和结果。如果一方代表在谈判过程中情绪激动,可能意味着他们在某些关键问题上感到不满或受到了威胁。这种情绪变化可能是谈判策略的一部分,也可能是真实情感的流露。仔细观察和分析这些情绪变化,可以更好地理解对方的立场和需求,进而调整自己的谈判策略。

情绪在复盘过程中犹如一条隐形的线索,始终贯穿其中。它不仅左右着我们的决策过程,更是复盘时不可或缺的一部分,为我们提供了宝贵的反思视角。

当我们回顾过去的经历,无论是成功的辉煌还是失败的痛苦,情绪总是如影随形。它像是一面镜子,反映出我们在特定情境下的真实感受和反应。在复盘中,我们深入剖析这些情绪,能够更深入地理解自己的行为动机,以及这些行为背后的深层原因。

情绪在复盘中的作用并不仅仅是反映过去的感受,更重要的是它能够引导我们未来的行动。当我们识别出自己在某些情境下容易产生负面情绪,比如焦虑、沮丧或愤怒,我们就能够有针对性地调整自己的心态和应对策略。这种自我认知的过程,不仅有助于提升我们的情绪管理能力，还能够增强我们在未来面对类似挑战时的应对能力。

此外，情绪还能激发我们的创造力和洞察力。在复盘过程中，当我们尝试从不同的角度审视问题时，情绪可以作为一种内在的动力，推动我们去探索新的可能性。它鼓励我们跳出固有的思维模式，以更加开放和包容的心态去接纳不同的观点和解决方案。

情绪在复盘中的作用不局限于个体层面，它在组织文化和战略制定中同样具有重要意义。在团队合作中，成员之间的情绪互动往往能够反映出团队氛围的好坏。回顾团队中的情绪波动，可以及时发现并解决潜在的问题，促进团队的和谐与发展。此外，领导者也可以在复盘中观察员工的情绪变化，了解他们的需求和期望，进而采取相应的激励措施，提高团队的整体效能。因此，将情绪纳入复盘体系，对于提升团队竞争力具有长远意义。

然而，情绪也是一把双刃剑。在复盘中，如果我们被强烈的负面情绪左右，就可能会陷入情绪化的泥潭，无法客观地分析问题。因此，学会调节和控制情绪至关重要。我们需要培养一种冷静而理智的态度，以便在复盘时能够全面、客观地审视自己的经历。

某企业为了提升品牌知名度和市场占有率，决定举办一场大型营销活动。活动筹备初期，团队内部充满了期待与热情，每个人都对活动的成功充满信心。这种积极向上的情绪成为团队前进的动力。大家分工明确，从活动策划、场地布置到宣传推广，每一步都进行得有条不紊。

然而，在活动执行过程中，一系列突发情况让团队的情绪产生了波动。首先是活动场地因故临时变更，导致原定的布置方案需要大幅调整，这增加了团队的工作压力。接着，在活动宣传阶段，由于社交媒体平台上的负面评论和竞争对手的恶意抹黑，团队的情绪开始变得紧张与焦虑。同时，这些负面情绪在一定程度上影响了团队成员之间的沟通与合作，使得活动执行过程中的一些细节问题没有得到及时处理。

  活动结束后，团队负责人立即组织了复盘会议。在会议中，大家首先回顾了整个活动的策划与执行过程，随后重点讨论了情绪变化对活动的影响。团队成员纷纷表示，在活动筹备初期，积极的情绪推动了团队的快速响应和高效协作，但在活动执行过程中，由于突发情况和负面评论的影响，情绪出现了波动，这在一定程度上影响了活动的顺利进行。

  经过深入剖析，团队成员意识到情绪管理在复盘中的重要性。他们开始反思如何在未来的活动中更好地管理情绪，以确保活动的顺利进行。一方面，团队负责人决定加强情绪监测与识别能力，组织定期的团队会议，建立情绪反馈机制，以便及时了解团队成员的情绪状态，采取相应措施进行干预。另一方面，还计划引入专业的情绪管理培训，提升团队成员的情绪调节能力，帮助他们在面对突发情况时保持冷静和理性。

  这个事例充分表明，情绪不仅是复盘过程中的一个重要因素，更是影响复盘效果的关键变量。通过有效管理和调节情绪，我们可以更加全面、深入地分析问题，制定出更为科学合理的解决方案。

  总之，情绪是复盘中的一条主线，贯穿于活动的始终，对活动的进展和结果产生着重要影响。它既是连接过去与未来的桥梁，也是自我成长和提升的重要驱动力。只有深入了解情绪的作用机制，并学会有效地利用和管理情绪，我们才能够在复盘的道路上走得更远，实现更大的自我提升和突破。

在痛苦中进行有效复盘

痛苦与复盘是人类成长过程中不可或缺的两大要素。它们犹如硬币的两面，相互依存、相辅相成，共同推动着个体的进步与发展。

痛苦作为一种深切的情感体验，往往被视作负面情绪。然而，正是这种情绪的存在，为个体提供了自我审视与成长的契机。无论是生活中的失败、工作上的挫折，还是人际关系中的冲突，这些痛苦经历都会让我们感到不适与挫败。但恰恰是这些痛苦经历，促使我们不得不重新审视自身，探寻问题的根源，进而激发我们改变与进步的渴望。因此，可以说痛苦是进步的催化剂，没有痛苦就没有真正意义上的成长。

复盘是对痛苦经历的深度思考与剖析，也就是我们常说的反思。复盘是一种理性行为，是连接痛苦与进步的桥梁。它能够帮助人们从痛苦中吸取教训，形成对未来行动具有指导意义的原则。在复盘过程中，我们能更清晰地认识到自身的不足与局限，从而有针对性地进行改进与提升。

当痛苦与复盘相结合，便产生了一股强大的合力，推动着我们不断前行。进步并非仅仅意味着摆脱当下的痛苦，更重要的是通过学习与成长，让自己变得更为优秀和强大。这可能涵盖提升专业技能、改善人际关系、调整心态等多个方面。唯有持续不断地努力与实践，我们才能够逐步克服过往的痛苦，实现自我超越，迈向更加美好的未来。例如，一名学生在学习上遭遇困难，考试成绩不理想，这对他而言是一种痛苦。

但他并未选择逃避或放弃,而是深入复盘,找出了自己学习方法上的不足之处。经过调整学习策略并加倍努力,他最终取得了显著的进步。

同样,在职场中,面对失败的项目或挫折,我们同样可以通过复盘失败原因,总结经验教训,进而提升自身的专业能力与团队协作能力,为未来的成功奠定基础。

那么,如何在痛苦中进行有效的复盘呢?以下几点建议或许能为你提供一些启示:

(1)保持冷静:在遭遇痛苦时,首先要做的是保持冷静。不要让情绪左右自己的判断力,而是要尽量客观地分析问题。

(2)深入剖析:对痛苦的原因进行深入剖析,找出导致问题的关键环节。这需要具备一定的自我认知能力和批判性思维能力。

(3)制订计划:根据反思的结果,制订切实可行的行动计划。计划应具有针对性、可操作性和可衡量性,以确保能够有效地解决问题。

(4)付诸实践:将计划付诸实践是检验反思成果的关键步骤。在实践中还要不断调整和完善计划,直至最终实现目标。

(5)持续学习:痛苦与复盘是一个不断学习和成长的过程。应该珍惜每一次痛苦带来的教训,并将其转化为前进的动力。

小王是一名资深的销售人员,他在销售行业摸爬滚打多年,曾取得了不俗的业绩。然而,随着市场的变化和公司政策的调整,他的业绩开始下滑,甚至出现了几个月的亏损。面对这种情况,小王感到前所未有的痛苦和挫败。

在痛苦的驱使下,小王开始深入反思自己的职业生涯。他从下面几个角度向自己发问:

市场变化:为什么曾经有效的销售策略现在不再奏效?

技能缺陷:自己在哪些方面缺乏必要的技能和知识?

职业规划：自己是否需要调整职业方向，寻找更适合自己的发展路径？

通过反思，小王意识到，传统的销售模式已经不再适应现代市场的需求，他需要学习新的营销理念和技术手段。此外，他还认识到自己在团队管理和领导力方面的不足，这些都是制约他职业发展的因素。

基于这些反思，小王制订出以下详细的行动计划：

学习新知识：他报名参加了几场关于数字营销和社交媒体推广的培训课程，系统地学习了最新的营销理论和实践技巧。

提升技能：他主动向公司申请参加管理培训，学习如何更好地管理团队和激励员工。

职业转型：经过一段时间的学习和实践，小王决定转型为一名市场营销经理，专注于制定和执行全面的营销策略。

经过一段时间的努力，小王的转型取得了显著的成功，专业技能得到了提升，在职业发展道路上迈出了坚实的一步，找到了更适合自己的发展方向。

在面对痛苦时，我们往往会感到无助和迷茫，但正是这种深刻的体验促使我们进行深入的反思，进而找到问题的根源并找寻出解决之道。

痛苦与复盘共同推动着个体的动态发展进程。在这个进程中，个体通过不断克服自我局限，实现了自身的超越。因此，要充分认识到痛苦所蕴含的价值，勇敢地迎接生活中的各种挑战；同时，养成深入复盘的习惯，从每一次的经历中提炼出宝贵的智慧。只有这样，我们才能在痛苦与复盘的循环往复中实现真正的进步。

分手复盘：走出不良的极端情绪

恋爱是人生中最甜蜜的经历之一，然而，如同生活里诸多事情一样，它也存在着复杂性与不确定性。由于种种缘由，诸如性格不合、价值观存在差异、面临外部压力或者出现不可调和的分歧，分手成为部分情侣不得不面对的现实。分手后，双方一般都会历经一系列复杂且深刻的情绪变化。这些情绪变化通常被划分为五个阶段：否认阶段、愤怒阶段、谈判阶段、绝望阶段和接纳阶段。

1. **否认阶段**

在这一阶段，有些人往往不愿接受分手的事实，可能会产生逃避、否认或自欺欺人的心理。他们或许会反复回忆往昔的甜蜜时光，试图找出分手的"误会"或者"不合理之处"，甚至幻想对方还会回到自己身边。这种否认的情绪状态，有助于失恋者暂时逃避分手带来的痛苦，可若长期沉浸在否认之中，可能会阻碍个体向前看，难以接受新的生活。

2. **愤怒阶段**

当否认的情绪逐渐消散，愤怒情绪开始显现。有些人可能会对前任产生强烈的愤怒与不满，觉得对方背叛了自己，或者没有珍视这段感情。这种愤怒情绪可能表现为对前任的指责、攻击，甚至是自责与悔恨。愤怒阶段是人们释放负面情绪、寻求心理平衡的重要过程，不过过度的愤怒也可能致使人们做出冲动、不理智的行为。

3. 谈判阶段

在愤怒情绪得到一定程度的释放后，有些人可能会进入谈判阶段，尝试与前任重新建立联系，谋求复合或者解决彼此之间的分歧。处于这个阶段的人，可能会展现出求和、妥协或挽回的姿态，期望借助沟通来解决问题。然而，谈判阶段并不总是行之有效，如果双方都尚未准备好重新开始，那么谈判可能会沦为一种徒劳无功的纠缠。

4. 绝望阶段

当谈判失败或者意识到复合无望时，有些人可能会陷入绝望的情绪之中。他们可能会感到无助、沮丧，丧失生活的动力与意义。绝望阶段是失恋者情绪变化的低谷期，也是他们最需要支持与关怀的时刻。

5. 接纳阶段

在这个阶段，绝大多数失恋者已经逐渐接受了分手的事实，开始重新规划自己的生活。他们可能会感到释然、轻松，甚至对过去有了更为深刻的理解与感悟。接纳阶段是失恋者情绪变化的终点，同时也是新的起点。

分手之后，人们常常会反复思索同一个问题："我们什么时候能复合？我们还能复合吗？"这种疑问不仅体现了人们对过去感情的留恋，也反映出对未来可能性的渴望。然而，复合与否并非最为关键的问题，真正重要的是进行一次全面彻底的复盘，弄清楚分手的根本原因。这一环节极为重要，因为它能够帮助双方识别并解决那些可能致使关系破裂的问题，为未来可能的复合奠定坚实的基础。与此同时，复盘还能让当事人更清晰地看到自己在这段感情中的表现，知晓自己在哪些方面做得不够到位，哪些方面需要改进。这种自我反省，不仅有助于更好地认识自己，还能为未来的感情生活提供宝贵的经验教训。

那么，该如何进行有效的复盘呢？

首先，要找到一个安静且舒适的地方，确保自己在这个环境中感到安全和放松，这有助于更真实地表达和处理情绪。其次，使用日记或专门的记录工具，详细描述分手后的情绪变化，包括情绪的类型、强度以及触发这些情绪的具体事件。在记录的过程中，不仅要记录情绪本身，还要探究这些情绪背后的深层原因，理解为什么某些事件会引发特定的情绪反应。最后，根据对情绪和原因的分析，制定具体的应对策略，比如，学习新的沟通技巧或改变某些不利的思维模式等。这样，就能够帮助自己更好地处理情绪，并从中学习成长。

小李和女友小玲曾有着甜蜜的恋情，但时间久了，双方逐渐发现彼此在性格、生活习惯等方面存在诸多不和。最终，在一次激烈的争吵后，小玲提出了分手，这对小李来说犹如晴天霹雳，他感到痛苦和困惑，不知道该如何面对生活中突然出现的这一巨大情感变化。

在分手后的第一个星期里，小李的情绪陷入了低谷。他整日沉浸在悲伤和愤怒之中，脑海里不断回放着两人之间的争吵片段和不愉快的经历。他开始自责，怀疑自己是否真的有能力去经营和维护一段感情，是否因为自己的疏忽和不当处理导致了这段关系的破裂。

大约两周后，小李逐渐意识到，他必须正视自己的情绪。于是，他决定每天抽出一些时间，专门记录自己的情绪变化和内心的想法。

记录情绪：小李开始每天详细记录自己的情绪波动。

分析原因：在记录情绪的过程中，小李开始分析每种情绪背后的深层次原因。

识别触发点：在持续地记录和分析情绪后，小李逐渐识别出自己一些特定的情绪触发点。这些触发点帮助他更加清晰地认识到哪些事物会对自己产生强烈的情绪影响。

反思行为：在深入反思的过程中，小李开始审视自己在恋爱中的行为和态度。他认识到，有效的沟通是维持健康关系的关键。

制定应对策略：基于以上所有的反思和分析，小李制定了一系列具体的应对策略，包括参加沟通技巧培训课程、与朋友们保持密切的联系。

经过整整一个月坚持不懈的情绪复盘和自我调整，小李终于逐渐走出了失恋带来的阴影。他学会了如何更加理性地面对和处理复杂的情感问题。尽管他依然会怀念与小玲共同度过的美好时光，但他已经能够以一种平和且成熟的心态接受这段感情的终结。

分手复盘不仅是对过去关系的回顾和分析，更是一个促进个人成长和改善关系的重要工具。通过复盘，我们能够更好地理解自己和他人的需求，提升情绪管理和沟通能力，为建立健康良好的人际关系奠定更加坚实的基础。

与其抱怨，不如改变

在生活和工作中，我们常常会遇到各种不如意的事情。面对这些情况，许多人往往会选择抱怨：抱怨环境不佳、抱怨他人不理解、抱怨机会不均等。然而，抱怨非但不能解决问题，反而可能会让我们陷入消极情绪的旋涡，影响我们的心态和生活质量。因此，我们有必要学会对抱怨进行复盘，从负面情绪中寻找成长的契机。

1. **明确抱怨内容**

需要明确抱怨的具体内容，包括抱怨的对象、事件、时间、地点以及具体的抱怨点。对抱怨的内容有清晰的认识，是进行复盘的基础。

2. **分析抱怨背后的原因**

（1）个人因素：思考抱怨是否源于个人的不满、期望未达、情绪波动等。这个分析有助于你了解自己的需求和期望，并利于寻找调整心态的方法。

（2）环境因素：分析抱怨是否与外部环境有关，如工作压力、人际关系、生活琐事等。识别这些因素有助于更好地应对外部挑战。

（3）系统问题：如果抱怨涉及组织、政策或流程等系统性问题，需要深入剖析这些问题的根本原因，以便提出改进建议。

3. **评估抱怨的影响**

（1）情绪影响：抱怨是否导致你情绪低落、焦虑或愤怒？这些情绪又是否影响了你的工作和生活？

（2）人际关系影响：抱怨是否对与他人的关系产生了负面影响？是否导致了误解或冲突？

（3）工作/生活效率影响：抱怨是否分散了你的注意力，降低了你的工作/生活效率？

4. 反思与改进

（1）识别问题：基于上述分析，明确抱怨所反映的问题或挑战。

（2）思考解决方案：针对问题，思考可能的解决方案或改进措施，包括调整个人态度、改善工作环境、优化流程等。

（3）制订行动计划：将解决方案转化为具体的行动计划，明确时间表和责任人。

（4）实施行动计划：按照制定的行动计划，逐步解决问题。

根据上述方法，对抱怨进行复盘，便可以更深入地了解自己的需求和期望，识别问题所在，摆脱负面情绪循环，并找到解决问题的方法。这不仅有助于提升个人能力和工作效率，还能促进与他人的和谐关系，为未来的成长和发展奠定坚实的基础。

小张是一名自由职业者，主要从事写作和编辑工作。在过去的几个月里，他发现自己经常陷入自我抱怨的循环中，抱怨自己写作速度慢、创意不足、时间管理不善，以及无法有效推广自己的作品。这些抱怨不仅影响了他的工作效率，还让他感到沮丧和焦虑。于是，他决定进行一次复盘，分析自己的问题所在。

小张首先明确了自己经常抱怨的几个关键点。

（1）写作速度慢：常常感到思路卡壳，难以快速产出高质量的文章。

（2）创意不足：缺乏新颖的想法和观点，文章缺乏深度和独特性。

（3）时间管理不善：经常拖延工作，导致任务堆积，无法按时完成。

（4）推广效果不佳：缺乏有效的推广策略，作品曝光度低，粉丝增长缓慢。

为了深入了解这些抱怨的根源，小张进行了深入的分析。

（1）写作速度慢：部分原因是缺乏系统的写作训练和有效的写作工具，同时也与写作时的专注度和心态有关。

（2）创意不足：可能是因为阅读和学习的时间不够，缺乏对新知识和新观点的吸收。

（3）时间管理不善：源于对任务的优先级判断不准确，以及缺乏有效的时间管理工具和方法。

（4）推广效果不佳：与缺乏市场推广经验和有效的推广渠道有关，同时也与对目标受众的了解不足有关。

基于上面的分析，小张制订出以下改进计划：

（1）提升写作速度：他报名参加了写作培训课程，学习有效的写作方法和技巧；使用写作辅助工具，如大纲生成器、语法检查器等。

（2）激发创意：设定阅读计划，定期阅读行业内的优秀文章和书籍；参加创意写作练习，培养自己的想象力和创造力。

（3）优化时间管理：使用时间管理工具，如番茄工作法、时间追踪软件等，合理规划和管理自己的时间；设定优先级，确保先完成重要且紧急的任务。

（4）加强推广能力：学习市场推广知识，了解目标受众的需求和偏好；利用社交媒体、博客、论坛等渠道，积极推广自己的作品。

对抱怨进行复盘后，小张不仅解决了实际问题，还学会了如何更好地认识自己、管理自己。这个复盘过程让小张更加自信、成熟和坚韧，为他未来的职业发展奠定了坚实的基础。

这个事例说明，对抱怨进行深入的复盘不仅能够帮助我们认识问题的本质，还能够引导我们找到更为积极有效的应对策略。在这个过程中，我们不仅能够摆脱负面情绪的困扰，还能够实现自我成长与提升。因此，在面对生活中的种种挑战时，让我们勇敢地进行复盘，用更加积极的心态去迎接每一个明天。

第七章

项目复盘,提升项目管理效能

在项目管理领域,成功的项目交付不仅仅依赖于计划和执行,更需要事后的反思与总结。项目复盘作为一种重要的管理工具,能够帮助团队深入剖析项目的每一个环节,识别成功的关键因素和潜在的问题,从而显著提升项目管理效能。

"事后回顾"机制与项目复盘实践

"事后回顾"机制与项目复盘在项目管理中占据着至关重要的地位。它们不仅是对项目完成后的总结,更是提升团队效能、优化未来项目管理流程的关键环节。

"事后回顾"机制,顾名思义,是在项目结束后对整个过程进行系统的回顾和分析。它是一种系统性的方法,这一机制的核心在于:

(1)即时性。在项目或任务完成后尽快进行回顾,确保相关记忆新鲜,便于准确捕捉细节。

(2)开放性。鼓励所有参与者自由表达观点,无论是正面的成就还是负面的挑战,都能被充分讨论。

(3)客观性。对数据和事实进行分析,可以避免主观臆断和个人偏见。

(4)行动导向。回顾的目的不仅是总结经验,更重要的是制订具体的行动计划,将教训转化为实际的改进。

例如,在一个软件开发项目中,事后回顾机制可以帮助团队识别出哪些开发流程是高效的,哪些环节存在瓶颈。通过收集和分析数据,可以发现某些开发任务的耗时过长,进而采取措施优化这些流程,提高整体工作效率。

而项目复盘,则是对"事后回顾"机制的具体应用。它不仅仅是对项目的简单总结,更是一个深入剖析、发现问题并寻求解决方案的过程,通常包括以下几个步骤:

（1）回顾目标。明确项目的初始目标和预期成果，评估实际结果与目标的差异。

（2）分析过程。详细审查项目执行过程中的关键决策和行动，识别成功和失败的因素。

（3）评估结果。比较实际结果与预期目标的差异，找出成功和不足之处。

（4）总结教训。从成功和失败中提炼出可学习的经验和教训，形成系统化的知识库。

（5）制订计划。基于复盘结果，拟定改进措施，制订未来项目的行动计划，确保经验教训能够被有效应用。

无论是"事后回顾"还是项目复盘，其本质都是希望通过不断的自我反省来提升个人能力和组织效能。两者相辅相成，在实践中往往结合使用以达到最佳效果。

英国石油公司（BP）曾借鉴美国军队的"事后回顾"机制，开发出一套项目复盘体系，为全球企业树立了一个值得学习的典范。

BP的"事后回顾"流程一般分为几个阶段。首先，项目一完成便立即召开"事后回顾"会议，保证所有参与者对项目的记忆还鲜活。会议氛围极为关键，必须营造开放、坦诚的氛围，鼓励所有参会者畅所欲言，分享各自的观点与感受。其次，指定一名联络人，负责记录会议内容，梳理关键信息，并与各层级沟通，确保不遗漏任何重要细节。再次，对项目的预期目标和实际结果展开详细回顾与对比，仔细剖析两者间的差异。通过这样的对比，能够清晰找出项目成功的关键因素以及存在的不足之处。最后，生成一份详尽的"事后回顾"报告，明确列出下一步的行动计划与改进措施，为后续项目运作提供有力指导。

BP的项目复盘并非仅在项目整体结束后开展，还采用多重迭代模式，即在项目的各个阶段和关键事件后进行小范围复盘。这种分层级、逐步推进的复盘，涵盖项目内部各小组或职能条线的复盘、项目组层面的复盘以及定期进行的项目进展回顾等。这些小复盘能够让问题在早期就被及时发现，进而调整计划，避免问题积累到项目末期集中爆发。

在 BP 的丰富实践中，有几个关键要素发挥着至关重要的作用。首先是高层领导的全力支持与积极参与，这不但能极大提升复盘的权威性和受重视程度，还能确保复盘结果获得有效的资源支持，得以顺利落地实施。其次是多维度的评估标准，从项目管理、技术实现、团队合作等多个不同角度深入分析项目成败原因，从而全面、准确地把握项目的优势与不足。最后是持续的改进机制，将复盘结果纳入企业的知识和经验库，为未来项目提供宝贵参考和有力指导。

通过这一套行之有效的"事后回顾"和项目复盘体系，BP 在众多大型项目中取得了令人瞩目的成果。例如，在某大型海上钻井项目中，BP 通过"事后回顾"敏锐察觉供应链管理方面存在的薄弱环节，并通过复盘提出针对性的改进措施。结果在后续项目中，供应链效率提高了20%，项目成本成功降低了15%。这样的案例充分彰显了 BP "事后回顾"和项目复盘体系的高效性与实用性。

总体而言，BP 的"事后回顾"和项目复盘为企业开辟了一条系统化的项目反思与改进之路。通过即时反思、系统分析以及持续改进，企业能够在快速变化且充满挑战的市场环境中不断提升自身竞争力。正如古人所说："吃一堑，长一智。"BP 的宝贵经验清晰地向我们表明，只有不断反思和总结，企业才能实现长远发展与进步。

此外，"事后回顾"和项目复盘还能促进企业内部的沟通与协作。在回顾和复盘过程中，各个部门和团队成员需共同参与、充分交流，这不仅有助于发现问题，还能增强团队之间的信任与合作，进而提高整个组织的运行效率。

项目复盘成功的四个关键点

在项目管理的实践中,复盘是一个至关重要的环节,它不仅有助于团队总结经验、吸取教训、优化流程,还能为未来的项目提供宝贵的参考。要使复盘真正发挥作用,需要关注以下几个关键点,以确保复盘活动不流于形式,而是能切实带来价值。

1. 明确复盘目标,确保方向不偏

项目复盘的首要关键,在于明确复盘目标。这不仅要求清晰界定复盘的范围与深度,更为重要的是,要确保所有参与者对项目复盘的目的达成共同理解与认同。这种共识是团队协作与沟通的基础,也是保证复盘过程顺利推进的关键。

明确复盘目标意义重大,它能引导团队在复盘过程中聚焦项目核心问题,避免陷入琐碎细节的泥沼。通过明确目标,团队能够更加集中精力,深入剖析问题,找出问题的根本原因,并提出切实有效的解决方案。

此外,清晰的目标还能激发团队成员的积极性与参与度。当团队成员清楚知晓复盘的目标及期望成果时,他们会更有动力投入复盘过程中,积极贡献自己的观点和想法。这种积极参与不仅有助于提升复盘效率,还能增进团队成员间的沟通与协作,增强团队的凝聚力与战斗力。

在实际操作中,项目结束后,项目经理或复盘负责人应及时组织团队成员,共同探讨并确定复盘的具体目标和期望成果。这一步骤极为关键,因为它为整个复盘过程设定了清晰的方向与基准。复盘目标可能涵

盖识别项目中的成功因素与失败原因、评估项目执行的效率与效果、提出改进建议以及制定未来项目的优化策略等。

为确保复盘目标得以实现,项目经理需采取一系列措施引导团队达成共识。首先,可通过召开启动会议,向所有参与者传达复盘的重要性与目的,让大家明晰复盘的价值。其次,借助问卷调查、访谈等方式收集团队成员的意见和反馈,以便更好地了解他们对项目的看法与期望。最后,依据收集到的信息制订详尽的复盘计划,明确每个阶段的任务与责任人,确保复盘工作有条不紊地开展。

总之,明确复盘目标是项目复盘成功的关键之一。唯有所有参与者都清楚了解复盘的目的与意义,才能更高效地开展复盘工作,进而为后续项目的改进提供有力支撑。

2. 全面收集数据,确保信息完整

项目复盘需要依赖全面、准确的数据支持。这些数据涵盖项目执行过程中的各类文档、报告、会议纪要,以及团队成员的反馈与意见等。全面收集这些数据,有助于复盘团队从多个角度、多个层面深入洞悉项目的实际状况,进而发现潜在的问题与亮点。

为确保数据的全面性与准确性,项目经理或复盘负责人需制订一份详细的数据收集计划,明确所需收集的数据类型、来源以及收集方式。在数据收集过程中,应鼓励团队成员积极参与。同时,借助各种工具和技术,如数据分析软件、问卷调查等,辅助数据的收集与分析工作。

数据收集完成后,复盘团队需对收集到的数据展开整理与分析,包括数据清洗、分类、编码,以及运用统计方法和技术进行数据分析。通过深入剖析数据,团队能够发现项目的潜在问题与亮点,为后续的改进和优化提供有力依据。

3. 深入分析原因,挖掘问题根源

在拥有全面、准确的数据支持后,下一步便是深入剖析问题的根源。

在分析过程中，应注重对问题进行多维度分析，涵盖技术、管理、人员、资源等多个方面。同时，还需重视问题的系统性，避免孤立地看待问题，而应将其置于整个项目的背景和环境中加以考察。

首先，需明确问题的本质。这要求从多个角度审视问题，包括技术层面、管理层面、人员层面以及资源层面等。

其次，要关注问题的系统性。这意味着不能仅关注表面现象，而要深入挖掘问题背后的原因。例如，若一个项目进度延误，不能简单认定是某个团队成员工作效率低下，而应进一步探究导致这种情况的根本原因。唯有通过系统性的分析，我们才能找到真正的根源，进而提出有针对性的解决方案。

再次，要留意问题的关联性。在实际操作中，一个问题往往并非孤立存在，而是与其他问题相互关联、相互影响。因此，在分析问题时，需考虑到各种可能的因素，防止片面地看待问题。

最后，要把分析结果转化为针对性的建议。在深入剖析问题产生的原因后，为解决问题提供具有可操作性和可实施性的建议。

4. 制定改进措施，确保持续改进

项目复盘的最终目的在于通过反思和总结，为未来的项目执行提供改进的方向和路径。因此，在明确问题原因后，必须及时制定切实可行的改进措施。

改进措施应具体、明确，具有可操作性和可衡量性。这意味着改进措施应直接针对问题根源，而不是仅仅解决表面问题。

同时，改进措施还应注重系统性和长期性。这意味着应避免短期行为和临时应对措施，而应考虑长期的改进和提升。

在制定改进措施的过程中，应充分听取团队成员的意见和建议。团队成员是项目的直接参与者，他们对项目的问题和解决方案有深入的了解和独特的见解。因此，在制定改进措施时，应鼓励团队成员提出意见

和建议，确保改进措施能够得到广泛认同和支持。

综上所述，四个关键点共同构成了项目复盘的核心框架和流程。通过严格遵循这四个关键点，可以确保项目复盘工作的全面、深入、有效，为项目管理的持续改进和提升提供有力保障。

项目复盘现场实施步骤

项目复盘作为项目管理中的一个核心组成部分,其重要性不容小觑。通过有效的复盘,团队能够从过去的项目中吸取宝贵的经验,为未来的项目管理工作打下坚实的基础。下面是项目复盘的具体实施步骤,旨在确保复盘过程既全面又深入,从而达到预期的效果。

1. 准备阶段

(1)明确复盘目标。

在复盘开始前,明确复盘的目的、期望成果以及需要关注的重点问题。确保所有参与者对复盘目标有清晰的认识,以便在复盘过程中保持聚焦。

(2)组建复盘团队。

选择具有丰富项目管理经验和专业知识的团队成员参与复盘。确保团队成员之间有良好的沟通和协作能力,以便在复盘过程中形成有效的讨论和决策。

(3)收集项目资料。

整理项目执行过程中的各类文档、报告、会议纪要以及团队成员的反馈和意见等。确保所收集的资料全面、准确,能够真实反映项目的实际情况。

2. 回顾目标阶段

(1)回顾项目目标。

在复盘会议上,首先回顾项目的原始目标、期望结果以及行动计划。

通过对比项目目标和实际成果，初步评估项目成功与否。

（2）明确评估标准。

根据项目目标，制定具体的评估标准，包括进度、成本、范围、质量等。

确保评估标准客观、公正，能够真实反映项目的实际情况。

3. 评估结果阶段

（1）对比实际成果与目标。

将项目的实际成果与原始目标进行对比，分析项目在哪些方面达到了预期，哪些方面存在差距。通过对比，明确项目的成功点和不足之处。

（2）分析项目执行情况。

深入分析项目执行过程中的关键任务、决策点以及资源分配情况，识别项目执行过程中的亮点和潜在问题，为后续分析原因提供基础。

4. 分析原因阶段

（1）识别问题根源。

针对项目执行过程中存在的问题，进行深入分析，找出问题的根本原因。运用因果图、5W法等工具，帮助团队成员更好地理解问题背后的原因。

（2）总结经验教训。

在分析原因的基础上，总结经验教训，包括成功的经验和失败的教训。

强调团队成员在复盘过程中的贡献和收获，增强团队凝聚力。

5. 制定改进措施阶段

（1）制定改进措施。

根据分析结果，制定具体的改进措施，包括优化流程、加强沟通、提升技能等。确保改进措施具有可操作性、可衡量性和可持续性。

（2）明确责任分工。

将改进措施分解为具体的任务，明确责任人和完成时间。确保团队成员对改进措施有清晰的认识和共识,以便在后续工作中有效执行。

6. 总结与反馈阶段

(1)总结复盘成果。

在复盘会议结束时,总结复盘成果,包括发现的问题、制定的改进措施以及未来的行动计划。强调复盘对于项目管理和团队成长的重要性,鼓励团队成员持续学习和改进。

(2)收集反馈意见。

向团队成员收集对复盘过程和成果的反馈意见。根据反馈意见,不断优化复盘流程和方法,提高复盘效果。

通过以上步骤的实施,项目复盘不仅能够帮助团队从过往项目中吸取经验和教训,还能够促进团队间的沟通与合作,为未来的项目管理工作打下坚实的基础。

项目复盘是一个持续学习和改进的过程,它不是在项目结束后的一次性活动,而应该被视为项目管理和团队发展的一个重要组成部分。实践表明,系统地回顾项目执行的全过程,组织可以不断提高项目管理的成熟度,增强团队的凝聚力和执行力,为自身的持续发展奠定坚实的基础。

项目复盘的典型应用场景

在当今快速变化的商业环境中,项目管理已成为企业成功的关键因素之一。项目复盘作为一种有效的项目管理工具,被广泛应用于各种场景,以提高项目的执行效率和成功率。以下是一些典型的应用场景:

1. 软件开发项目复盘

在软件开发过程中,项目复盘可以帮助团队识别开发过程中的瓶颈、技术难题以及团队协作中的问题。通过复盘,团队可以总结成功经验,改进开发流程,提高软件质量和开发效率。例如,某软件开发团队在完成一个复杂的 Web 应用开发项目后,通过复盘发现,项目在需求变更频繁的情况下,开发周期被多次延长。分析后发现,主要原因是需求管理不规范,导致需求变更频繁,影响开发进度。

针对这一问题,项目负责人决定在未来引入更严格的需求管理流程,采用敏捷开发方法,加强客户与开发团队的沟通,确保需求的稳定性。此外,还优化了代码审查机制,引入自动化测试工具,提高了代码质量和测试效率。这些改进措施显著提升了软件质量和开发效率,后续项目的成功率也因此得到提升。

2. 市场营销活动复盘

在市场营销活动中,项目复盘可以帮助企业分析活动的效果,识别成功因素和失败原因。通过复盘,企业可以优化营销策略,提升市场推广的效果,增加品牌知名度和客户满意度。例如,某企业在推出一款新产品时，进行了一次大规模的市场营销活动。活动结束后，企业通过复盘发现，虽然整体销售额有所提升，但目标年龄段客户的参与度较低。经过分析，企业发现主要原因是广告创意未能有效吸引目标年龄段客户，且社交媒体推广力度不足。

针对这些问题，企业负责人决定优化广告创意，增加目标年龄段客户喜欢的元素，并加大在社交媒体上的推广力度，增加互动性和参与感。此外，还优化了客户反馈机制，及时收集和分析客户意见，确保营销策略的持续改进。这些改进措施显著提升了市场营销活动的效果，品牌的知名度和客户满意度也因此得到提升。

3. 工程项目复盘

工程项目复盘是项目管理中的关键环节，它能够帮助项目团队全面分析项目的进度、成本控制、质量管理等方面的表现，从而识别潜在风险，改进项目管理流程，确保项目能够按时、按质、按预算完成。例如，某建筑公司在完成一个大型商业综合体项目后，通过复盘发现，在项目初期阶段因为地质勘探数据不准确导致基础施工的延误和成本增加。分析后发现，主要原因是地质勘探工作未能充分考虑项目地点的特殊地质条件。

针对这一问题，公司增加了前期地质勘探的深度和广度，并引入了更先进的勘探技术。此外，还改进了项目风险管理流程，增加了对地质条件不确定性的风险评估和管理措施。这些改进措施帮助公司在后续项目中避免了类似的问题，确保了项目按时、按质、按预算完成。

4. 培训项目复盘

培训项目的复盘是培训机构提升培训质量和学员满意度的关键环节。通过系统回顾和分析培训项目的各个方面，培训机构可以获得宝贵的经验，从而不断优化培训内容和教学方法。例如，某职业培训机构在完成一期管理培训课程后，通过问卷调查和面谈收集了学员的反馈。学员普遍反映课程内容理论性过强，缺乏实际案例分析，导致学习效果不佳。

培训机构迅速组织专家团队进行分析，决定在下一期课程中增加更多的实际案例和模拟练习。此外，机构还引入了在线学习平台，方便学员在课后进行自主学习和讨论。这些改进措施显著提升了学员的学习体验和满意度，培训机构的声誉也因此得到提升。

5. 客户服务项目复盘

客户服务项目的复盘可以帮助企业分析客户满意度、服务响应时间、问题解决效率等方面的表现。通过复盘，企业可以改进客户服务流程，提升客户满意度和忠诚度。例如，某电商公司在完成一次大型促销活动后，通过客户满意度调查和在线评论收集了大量反馈。客户普遍反映在活动期间，订单处理速度较慢，客服响应不及时，导致购物体验不佳。公司迅速组织客户服务团队进行分析，发现主要原因是订单量激增导致系统压力过大，客服人员也因工作量过大而无法及时响应。

针对这些问题，公司决定在未来的促销活动中引入更高效的订单处理系统，并增加客服人员数量，优化客服排班制度。此外，公司还加强了对客服人员的培训，提升了他们的服务能力和应对能力。这些改进措施显著提升了客户的购物体验和满意度，公司的客户忠诚度也因此得到提升。

6. 供应链管理复盘

供应链管理项目的复盘可以帮助企业分析供应链的效率、成本控制、风险管理等方面的表现。通过复盘，企业可以优化供应链管理策略，提高供应链的稳定性和效率。例如，某制造企业在完成一次大规模生产任务后，通过供应链管理项目复盘发现，由于供应商交货延迟，生产计划被打乱，生产成本增加了约15%。企业迅速组织供应链团队进行分析，发现主要原因是供应商的生产能力不足，且缺乏有效的沟通机制。

针对这些问题，企业决定在未来的供应链管理中引入更严格的供应商评估标准，并建立实时沟通平台，确保供应商能够及时反馈生产进度和潜在问题。此外，企业还优化了库存管理策略，采用先进的预测技术，提前做好原材料储备。这些改进措施显著提升了供应链的稳定性和效率，生产成本也因此得到有效控制。

7. 人力资源管理复盘

在人力资源管理领域，项目复盘可以帮助企业深入了解员工的需求和期望，识别人力资源管理中的问题和不足，并据此制定更加人性化的管理政策和激励措施。例如，某大型企业在进行一次全面的人力资源管理项目复盘后，发现许多员工反映职业晋升通道不明确，导致工作积极性下降。公司通过进一步调查了解到，现有的晋升机制过于依赖资历而非实际能力和业绩。

针对这一问题，公司决定改革晋升机制，引入更多基于绩效和能力的评估标准，并设立透明的晋升路径和召开定期的职业发展评审会议。此外，公司还增加了员工培训和发展计划，为不同阶段的员工提供定制化的培训课程，帮助他们提升技能和职业素养。这些改进措施不仅提高了员工的满意度和忠诚度，也为企业培养了大量高素质的人才，为企业的持续发展奠定了坚实的基础。

8. 并购整合项目复盘

并购整合项目的复盘是企业评估并购整合效果、识别并购整合过程中的问题和挑战的重要手段。通过对并购整合项目的各个环节进行系统性的回顾和分析，企业可以优化并购整合策略，提升并购整合的成功率。例如，某企业在完成对一家竞争对手的并购后，通过复盘发现，尽管并购后的市场份额有所增加，但协同效应未能充分实现，且文化融合过程中出现了较多冲突，导致员工流失率较高。公司迅速组织并购整合团队进行分析，发现主要原因是并购前的尽职调查不够全面，导致对目标公司的文化和业务了解不足。

  针对这些问题，公司决定加强并购前的尽职调查，引入更多的文化评估工具，并在并购整合过程中加强跨部门协作和文化培训。此外，公司还优化了资源整合流程，确保资源能够更高效地配置和利用。这些改进措施显著提升了并购整合的成功率，企业的市场竞争力也因此得到提升。

  总之，项目复盘作为一种系统化的反思和改进方法，在各个领域都具有广泛的应用前景，能够帮助企业总结成功经验，识别问题和不足，制定改进措施，进而不断提升项目管理水平和企业竞争力。因此，应充分认识到项目复盘的重要性，将其纳入到日常的项目管理工作中，以实现持续改进和发展。

多重迭代式项目复盘的操作模式

在现代项目管理中,为了不断提升项目的执行效率和成果质量,越来越多的团队开始采用多重迭代式项目复盘的操作模式。

多重迭代式项目复盘是一种在项目实施过程中多次进行复盘的方法。这种模式基于迭代开发的理念,其核心在于"多重迭代",即不是在项目结束后进行一次性的总结与反思,而是在项目的各个阶段、各个层级都进行深入的复盘,形成持续改进的闭环。

多重迭代式项目复盘强调在项目执行过程中不断进行小步快跑、快速反馈和持续改进。该模式通常可以分为以下几个阶段:

(1)项目启动阶段复盘。在项目启动之初,就对项目的目标、范围、资源、风险等要素进行初步评估,并制定相应的应对策略。此阶段的复盘主要关注项目计划的合理性和可行性。

(2)项目执行阶段复盘。随着项目的推进,定期(如每周、每月)对项目进度、质量、成本等方面进行复盘。通过对比实际执行情况与计划之间的差异,及时发现并纠正问题,确保项目能够按照预定的目标和方向前进。

(3)项目关键节点复盘。在项目达到某些重要里程碑或关键节点时,需要进行更为深入的复盘。这些节点可能包括项目的重大决策点、技术难关攻克点、资源调配关键点等。通过对这些节点的复盘,可以更加深入地了解项目实施过程中的成功与不足,为后续工作提供经验和教训。

（4）项目收尾阶段复盘。在项目结束后，需要进行全面的复盘和总结。此阶段的复盘不仅关注项目的最终成果和效果，还需要对整个项目过程中的经验教训进行提炼和归纳，为未来的项目提供参考和借鉴。

该操作模式的特点在于其灵活性和适应性。通过短周期的迭代，项目能够快速响应变化，及时调整策略以适应外部环境或内部需求的变化。此外，频繁的复盘机制有助于及时发现问题并加以解决，避免问题积累导致项目风险增加。同时，这种模式鼓励团队成员之间的沟通与协作，增强了团队凝聚力和创新能力。

在快速变化的行业环境中，多重迭代式项目复盘的重要性尤为凸显。由于市场需求和技术发展日新月异，传统的瀑布式开发模式往往难以适应这种变化。而迭代式开发则允许团队在每个迭代周期结束后，根据最新的市场反馈和技术趋势调整项目方向和策略。这种方法强调持续学习和适应变化，非常适合快速变化的行业环境，特别适用于那些具有持续改进空间的长期项目，如软件开发、产品设计等。

某科技公司决定开发一款新型智能手表，目标是打造一款集健康管理、运动追踪和智能通知于一体的高端产品。项目团队在项目启动时制定了详细的计划和时间表，并在项目实施过程中进行了多次迭代复盘。

第一阶段：初步设计与开发。

任务分配与初步设计：团队根据项目需求进行了任务分配，并完成了初步的产品设计和功能开发。

第一次迭代复盘。

会议召集：项目经理召集所有相关成员召开复盘会议。

数据收集：收集项目进展数据，包括开发进度、遇到的问题和用户反馈。

分析与讨论：团队成员共同分析项目进展，识别出设计中的不足和潜在的风险。

调整计划：根据分析结果，调整了部分设计细节和开发计划，优化了资源配置。

第二阶段：功能测试与用户反馈。

功能测试：完成初步开发后，团队进行了内部功能测试，发现了一些技术问题和用户体验上的不足。

第二次迭代复盘。

会议召集：再次召开复盘会议，邀请部分用户参与。

数据收集：收集测试数据和用户反馈，特别是关于产品易用性和功能实现方面的意见。

分析与讨论：团队和用户共同讨论，识别出需要改进的功能和用户体验问题。

调整计划：根据反馈，进一步优化产品设计和功能实现方案。

第三阶段：最终测试与市场推广。

最终测试：经过多次迭代改进后，团队进行了全面的最终测试，确保产品质量达到预期标准。

第三次迭代复盘。

会议召集：召开最终复盘会议，全面总结项目经验。

数据收集：收集最终测试数据和市场的初步反馈。

分析与讨论：团队分析和讨论了整个项目的成功经验和不足之处。

总结报告：编写详细的项目总结报告，提出未来项目的改进建议。

通过多重迭代式项目复盘，该智能手表项目在开发过程中不断优化，最终成功推出了符合市场需求的高质量产品。用户反馈良好，市场表现优异。团队也在复盘过程中积累了宝贵的经验，为未来的项目奠定了坚实的基础。

多重迭代式项目复盘不仅是一种回顾过去的方式,更是面向未来的学习过程。在不断循环往复的反思和改进中,项目团队能够更好地应对未来的挑战,实现持续成长和发展。对于任何希望提高项目成功率的企业和个人来说,掌握并运用这一方法论都是至关重要的。

要成功实施多重迭代式项目复盘操作模式,需注意几个关键因素。首先,项目领导者需要具备强大的领导力和决策能力,能够在关键时刻做出正确的选择。其次,团队成员应具备高度的自我管理能力和专业素养,能够在没有过多监督的情况下自主完成任务。最后,组织应建立支持性的文化和环境,鼓励创新思维和持续学习,为项目复盘提供必要的资源和支持。

总之,多重迭代式项目复盘是一种高效的项目管理方法,已经在众多领域取得了显著的成果,不仅能够提高项目的成功率,还能帮助团队在快速变化的行业环境中保持竞争力和创新力。

第八章

经营复盘,让你的业务翻倍增长

在竞争激烈的商业环境中,企业需要经常对经营活动进行深入的反思和总结。经营复盘作为一种重要的管理工具,能够帮助企业管理者全面分析业务的运营情况,识别成功的关键因素和潜在的问题,进而实现业务的翻倍增长。

谷歌：经营复盘与 OKR 是"天作之合"

在当今这个日新月异、瞬息万变的商业环境下，企业如何在激烈的竞争中持续地成长和创新，成为每个企业家和管理者必须深思的问题。谷歌，作为全球科技领域的佼佼者，其卓越成就的背后，离不开两大管理法宝的有力支撑：经营复盘、目标与关键结果（OKR）。这两者的完美融合，不仅为谷歌的发展之路铺设了坚实的基石，更为众多寻求突破与成长的企业提供了宝贵的启示与借鉴。

经营复盘作为一种深度反思与持续改进的方法论，其核心在于对企业过去一段时期内的经营活动进行系统性、全面性的回顾与反思，深入挖掘出成功背后的关键因素以及导致失败的根本原因。它超越了传统意义上对财务数据的简单分析，而是将目光投向了整个业务运营中的每一个细节，从市场策略、产品创新到客户服务，无一不在其审视范围之内。谷歌的经营复盘，正是这种深度剖析与细致洞察的典范，它帮助谷歌不断发现自身的弱项与短板，为未来的战略规划与调整提供了宝贵的依据。

而 OKR，这一源自英特尔并被谷歌发扬光大的目标管理工具，其精髓在于通过设定清晰、具体且具有挑战性的目标，以及与之相对应的可量化关键结果，来激发团队的潜能，确保团队能够齐心协力、朝着共同的方向前进。OKR 的引入，不仅提升了谷歌的决策效率，更在无形中塑造了一种追求卓越、勇于挑战的企业文化。它要求目标既要具有足够的挑战性，以激发团队的斗志与创造力，又要保持一定的可实现性，确保团队在努力之后能够看到实实在在的成果。

在谷歌，当经营复盘与 OKR 这两大管理利器相结合时，它们之间产生了强大的协同效应。首先，在设定 OKR 时，谷歌会结合经营复盘的结果，确保所设定的目标既具有挑战性又切实可行。具体来说，谷歌通过深入分析过去的经营数据和市场反馈，总结成功经验和失败教训，从而更准确地把握了市场趋势和客户需求，使谷歌能够制定更具针对性和前瞻性的战略目标。例如，在某次复盘中，谷歌发现其某款产品在特定地区的用户增长率放缓。经过进一步分析，团队识别出是由于当地用户对产品的某些功能需求未被满足。基于这一发现，谷歌在设定下一季度的 OKR 时，特别强调了对该功能的优化和改进，最终实现了显著的用户增长。

其次，在实施 OKR 的过程中，谷歌会定期进行经营复盘，及时检查目标的完成情况，并根据实际情况调整策略。这种动态的管理方式使得谷歌能够灵活应对市场变化，确保战略执行的连贯性和有效性。例如，在某季度的中期复盘中，谷歌发现某项关键指标未能达到预期目标。深入分析原因，发现是由外部市场环境的变化导致原计划不可行。于是，谷歌迅速调整策略，并在下一阶段的 OKR 中设定了更为现实的目标，最终成功实现了年度目标。

此外，经营复盘与 OKR 的结合还极大地促进了谷歌内部团队的沟通与协作。在复盘过程中，各部门能够充分交流经验、分享教训，形成共同的学习氛围。这种开放和透明的文化，不仅提升了团队的整体素质，还增强了员工的归属感和责任感。在 OKR 的指引下，各部门都能明确各自的责任和使命，协同推进企业目标的实现。例如，在某次大型项目中，不同部门的团队通过共同讨论和协调，制定了详细的 OKR，并在项目实施过程中不断对其进行调整和优化，最终成功交付了高质量的产品。

　　值得一提的是,谷歌的经营复盘并非单纯地回顾过去,而是以未来为导向,旨在发现新的机会和挑战。这种前瞻性的思维方式使得谷歌能够在不断变化的市场环境中保持领先地位。例如,在某次复盘中,谷歌不仅分析了当前的市场表现,还通过大数据分析和趋势预测,识别出未来几年内的潜在机会。基于这些分析,谷歌提前布局了相关技术和市场策略,最终在竞争中占据有利位置。

　　总之,谷歌将经营复盘与 OKR 相结合的做法,不仅帮助自己在快速变化的科技行业保持领先地位,实现了持续而稳健的增长,同时也为全球范围内的其他企业提供了极具价值和启发性的参考范例。可以说,经营复盘与 OKR 的结合不仅是谷歌成功的秘诀之一,也是现代企业在复杂多变的市场环境中寻求持续发展和竞争优势的重要法宝。

经营复盘的步骤与关键点

经营复盘作为企业管理中的一项核心活动，扮演着至关重要的角色。它不仅是一个重要的管理工具，更是企业持续发展的保障，只有通过不断地复盘和改进，企业才可能在市场竞争中立于不败之地，实现可持续发展的目标。一般来说，经营复盘主要包括以下步骤：

1. 回顾目标

此阶段主要是对企业或项目的整体情况进行了解，回顾项目的目标、初始的期望、已经完成的部分，以及过程中遇到的挑战和困难。对于每个关键的决策点，需要仔细思考其背景和影响。

2. 评估结果

评估结果通常从进度、成本、范围、质量四个方面着手。进度方面，对比原计划与实际完成时间及各阶段完成时间；成本方面，对比计划和实际花费的成本（包括人工成本）；范围方面，对比计划需要完成的目标和实际目标完成情况；质量方面，关注各阶段交付物按时率、评审通过率等情况。

3. 分析原因

分析原因需要找出实际和预期有无差别，有差别要思考是什么因素造成的、根本原因是什么，没差别则思考成功的关键是什么。分析应从多个角度进行。

4. 总结经验

总结经营活动的经验教训，提炼成功模式和失败教训。将经验教训转化为可操作的改进措施和建议。

5. 制定改进措施

基于复盘报告，制订具体的行动计划，包括短期和长期的目标，以及实现这些目标的具体措施。

经营复盘是一个全面、系统、深入的过程，需要企业投入足够的时间和精力来进行。通过经营复盘，企业可以不断总结经验教训，优化工作流程和管理模式，为未来的持续发展打下坚实的基础。

某电子产品制造企业，在过去的一年中，为了扩大市场份额，加大了对线上销售渠道的投入，并推出一系列新产品。然而，年终财务报表显示，虽然销售额有所增长，但利润并未达到预期水平。为此，企业领导决定对经营活动进行复盘，具体步骤如下：

1. 回顾目标

目标回顾：企业年初设定的目标是销售额增长30%，同时保持利润率不低于20%。

背景分析：当时市场环境良好，线上销售渠道销售量快速增长，且竞争对手的产品线较为单一，企业认为通过加大线上投入和推出新产品能够轻松实现目标。

2. 评估结果

实际数据：销售额增长了25%，但利润率仅为15%，低于设定的20%目标。

差异分析：销售额增长未达到预期，利润率更是大幅低于目标。

3. 分析原因

市场环境：虽然线上市场持续增长，但竞争也日益激烈，多家竞争对手推出了类似的新产品,不可避免地卷入价格战。

销售策略:为了抢占市场份额,企业采取了降价策略,导致利润率下降。同时,新产品推广效果不如预期,未形成足够的销售增量。

内部管理:生产成本控制不力,原材料成本上涨,导致产品成本增加。

4. 总结经验

制定目标时,要充分考虑市场竞争的激烈程度;降价策略虽然短期内提升了销售额,但损害了长期利润率;新产品推广策略需要更加精准和有效;内部成本控制体系需要进一步完善。

5. 改进计划

市场调研:加强市场调研,定期收集和分析竞争对手信息,以及市场趋势,以便及时调整销售策略。

销售策略调整:避免盲目降价,而是通过提升产品质量和服务附加值来吸引客户。同时,加大新产品研发投入,确保新产品具有更强的市场竞争力。

内部管理优化:建立成本控制体系,加强原材料采购管理,降低生产成本。同时,优化生产流程,提高生产效率。

团队培训:加强对销售团队和研发团队的培训,提升他们的专业素养和市场敏锐度。

绩效考核:建立更加科学的绩效考核体系,激励员工为企业的长期发展贡献力量。

这家电子企业根据上述复盘结果和改进计划,制定了详细的实施方案,并逐一落实。经过一年的努力,企业的销售额和利润率均实现了显著提升,市场竞争力也得到了增强。

这个具体事例展示了经营复盘在企业经营管理中的重要性。经营复盘作为一种重要的企业管理活动，对于企业的发展和成长具有重要意义。在复盘的过程中，企业可以不断总结经验教训，发现问题和不足，为未来的经营决策提供有力的支持。因此，企业要重视经营复盘这一活动，将其纳入到日常管理工作中去，以提高企业的管理水平和核心竞争力。

如何开好企业经营复盘会

企业经营复盘会是一种定期或不定期举行的重要会议,旨在对企业过去一段时间的经营情况进行全面、系统的回顾与分析。通过这一会议,企业管理层及相关人员能够深入了解企业的运营状态,识别成功的关键因素,发现存在的问题,并制定相应的改进措施,从而为未来的发展奠定坚实基础。然而,要确保经营复盘会能够发挥其应有的作用,企业在会议的各个阶段都需进行周密的准备与管理。那么,如何召开一场高质量的经营复盘会呢?

一、会前准备

1. 确立核心目标

首先,要明确经营复盘会的主要目标,如检查经营状况、发现潜在问题、调整战略方向或提升绩效等。这些目标应与企业的整体战略和年度计划相契合。

2. 收集关键数据

提前收集并整理与会议主题相关的数据,如财务报表、销售数据、市场调研报告等。这些数据应准确、全面,能够反映企业的实际经营状况。

3. 准备汇报材料

根据议程,为各部门或团队准备汇报材料,包括PPT、图表、报告等。确保汇报内容简洁明了,能够突出重点。

4. 制定详细议程

根据会议目标，制定详细的议程，包括会议时间、地点、参会人员、讨论主题、汇报顺序等，确保议程清晰、紧凑，避免冗长和无关紧要的讨论。

5. 选择主持人

主持人的选择对于会议的成功与否具有重要影响，一位经验丰富、熟悉业务且具备出色控场能力的主持人能够确保会议的顺利进行，并有效处理可能出现的突发情况。因此，在会前准备阶段，需要仔细筛选并确定合适的主持人选。

6. 通知与准备

为了让所有参会人员充分了解会议的相关信息并做好充分准备，需要提前向他们发送会议通知和相关材料。这份通知应明确说明会议的时间、地点和详细议程，并提醒参会人员提前准备相关材料和问题。通过提前通知和准备，可以确保会议的讨论更加深入且有质量。

二、会中管理

1. 开场与导入

主持人首先进行简短而有力的开场，清晰地阐述本次会议的核心目的和详细的议程安排。这样的开场不仅为参会者设定了明确的预期，也为整个会议的顺利进行奠定了基调。

在此过程中，主持人要特别强调复盘的重要性，明确指出这是提升团队效率和发现潜在问题的关键环节。为了鼓励大家积极参与，主持人还要特别呼吁各位参与者积极发言，分享自己的见解和经验，从而激发团队的集体智慧和创造力。

2. 汇报与展示

按照议程顺序，各部门负责人依次进行汇报，展示自己部门在过去一段时间的工作成果，无论是量化指标还是实质性进展，都力求做到全面且客观。同时，还要毫不避讳地揭示当前工作中存在的问题和挑战，以及针对这些问题所制定的改进措施和发展策略。

汇报的过程中，要特别注意语言应简洁明了，力求在有限的时间内突出重点，避免冗长和无关的内容，确保信息的有效传递。

3. 提问与讨论

为了促进深入理解和交流，会议鼓励所有参会者积极提问和发表个人观点。与会者可以对汇报内容提出疑问，也可以就相关议题展开讨论，从而实现对问题的深入剖析和多角度审视。在此过程中，主持人需要灵活地引导讨论的方向，确保所有的讨论都紧密围绕会议主题展开，避免话题偏离或陷入无谓的争执中。

4. 研讨与决策

经过充分的讨论和分析后，会议进入研讨与决策环节。针对讨论中发现的问题以及提出的改进措施，与会者要进行更为深入的研讨，共同探寻最佳解决方案。

在此基础上，制订具体的行动计划，明确各项任务的责任人和完成时间节点。所有的决策都要基于翔实的数据和事实进行，以确保决策的科学性、合理性和有效性。

5. 总结与反馈

当会议的各项议程圆满完成后，主持人进行全面总结，回顾会议的主要内容和取得的成果，强调关键信息和行动点。

三、会后追踪落实

1. 执行与监控

会后的首要任务是确保在复盘会上制订的行动计划能够得到切实有效的执行。为此，需要建立一套完善的监控机制，对行动计划的执行情况进行定期跟踪和评估。

在执行与监控的过程中，应特别注意以下几点：一是明确各项任务的责任人和时间节点；二是建立有效的沟通渠道，确保信息的及时传递和反馈；三是采用科学的方法和工具进行评估和分析，确保评估结果的客观性和准确性。

2. 反馈与调整

在执行行动计划的过程中，难免会遇到各种问题和挑战。因此，需要建立一套有效的反馈机制，及时收集和处理执行过程中的反馈和问题。对于未能按计划完成的事项，要进行深入的原因分析，并制定相应的补救措施和改进方案。此外，还需要根据执行过程中的实际情况和反馈信息，对行动计划进行适时的调整和优化。

3. 持续学习与提升

复盘会是一个持续学习和提升的过程。因此，需要对复盘会中的经验和教训进行整理和总结，形成企业内部的案例库和知识库。这些宝贵的经验和知识不仅可以为未来的决策提供有力的支持，还能为企业的发展提供宝贵的借鉴和启示。

同时，还需要鼓励员工持续学习和提升自己的能力和素质。通过培训、交流和学习等方式，不断提升员工的专业技能和综合素质，将复盘成果转化为实际工作中的能力和效率。

4. 文化塑造

复盘会不仅是一种管理工具和方法，更是一种企业文化和管理理念的体现。因此，需要通过复盘会来塑造企业的反思文化。这种文化鼓励员工在日常工作中积极发现问题、分析问题和解决问题，从而推动企业的持续发展和创新。

为了塑造这种文化，需要采取一系列措施来营造积极向上的氛围和价值观。例如，可以设立奖励机制来表彰那些在工作中积极改进和创新的员工，开展各种培训和学习活动来提升员工的专业技能和综合素质，还可以通过内部宣传和交流来传播企业的文化和价值观。

总之，开好经营复盘会是企业在激烈市场竞争中立于不败之地的关键。只有全面把握会前准备、会中管理和会后追踪落实等关键环节，才能确保经营复盘会取得显著成效，为企业的发展提供强大动力和支持。

经营复盘要定期做、坚持做、长期做

经营复盘是企业持续改进和优化管理的重要手段。为了确保复盘工作的有效性和持续性,企业需要遵循"定期做、坚持做、长期做"三大原则。只有这样,企业才能在激烈的市场竞争中立于不败之地,实现稳健增长和长远发展。

1. 定期做

定期进行经营复盘是确保企业健康发展的关键环节。这意味着企业需要在固定的节点,如每个季度末、半年末或每年度末,组织专门的经营复盘会议。这种制度化的安排,确保了复盘工作能够有条不紊地进行,不会因日常运营中的繁忙事务而被忽视或搁置。

在定期复盘中,企业能够及时捕捉到经营过程中的细微变化,迅速识别并解决潜在的问题,从而避免小问题演变成大危机。

在复盘会议上,各个部门需要详细汇报其工作进展、遇到的挑战以及取得的成绩。这不仅有利于管理层全面了解企业的运营状况,还可以促进跨部门的沟通与协作。通过集体讨论,大家能够从不同的角度审视问题,共同寻找解决方案,制定切实可行的改进措施。这种团队合作的方式有助于提高问题解决的效率和质量。

2. 坚持做

坚持进行经营复盘反映了企业对这一管理工具的高度重视和坚定决心。在快速变化的市场环境中,企业面临着各种不确定因素,只有不断地复盘，才能迅速适应市场的变化，抓住新的发展机遇。这不仅是对管理层的考验，也是对企业文化和员工素质的锤炼。

当复盘成为企业的常态，员工自然会养成一种反思和总结的习惯。他们会更加关注自身工作的每一个细节，积极思考如何改进和优化。这种习惯不仅有助于提升员工的业务能力和综合素质，还能在企业内部形成一种持续改进和创新的文化氛围。员工在复盘中不断学习和成长，企业的整体竞争力也随之提升。

3. 长期做

长期进行经营复盘是企业发展的必然选择。企业的发展是一个持续的过程，而经营复盘则是这一过程的重要支撑。如果企业可以把复盘当成长期的工作，就能够积累丰富的经验和教训，形成宝贵的知识财富。这些知识财富不仅可以帮助企业更好地应对未来的挑战，还能为企业的战略规划提供强有力的数据支持和决策依据。

在长期复盘的过程中，企业会逐步建立起一套完善的反馈和改进机制。每一次复盘都是对过去工作的总结和对未来工作的指导，通过不断的迭代和优化，企业的运营模式和管理体系将变得更加高效和科学。此外，长期的复盘工作还有助于企业建立一套科学合理的评价体系，为绩效考核和人才选拔提供客观的标准，从而激发员工的积极性和创造力。同时，还能促进企业内部的知识共享和学习氛围的形成，提升整个组织的创新能力和发展潜力。

为了遵循"定期做、坚持做、长期做"三大原则，企业有必要采取下列措施：

1. 设立专门团队

企业要设立专门的复盘团队，负责组织和执行复盘工作。这样可以确保复盘工作的专业性和高效性。

2. 引入先进工具和方法

利用现代科技手段和先进的管理方法，提高复盘工作的效率和准确性。例如，可以利用数据分析软件进行数据分析和可视化展示，使复盘结果更加直观易懂。为此，企业需要引入先进的工具和方法。

3. 加强培训和学习

定期组织复盘相关培训和学习活动，提高员工对复盘工作的认识和理解。同时，鼓励员工自主学习和提升，不断提高自身的专业素养和综合能力。

在企业经营中，定期进行经营复盘是一种智慧，坚持做复盘是一种决心，长期复盘则是企业成长的秘密武器。经营复盘，就像企业健康检查，通过定期的自我审视，企业能够及时发现和解决问题，优化策略，提升效率。

总之，经营复盘只有定期做、坚持做、长期做，才能真正发挥其对企业经营管理的重要作用。这是企业成长的秘密武器，也是企业在激烈的市场竞争中保持领先的关键。

复盘任正非不同阶段的经营发展思维

任正非作为华为的创始人和领导者，其经营发展思维在不同阶段展现出独特的战略眼光和管理智慧。通过复盘任正非在不同阶段的经营发展思维，我们可以了解华为如何在复杂多变的市场环境中不断成长和壮大。

一、初创阶段的务实与创新

1. 背景

市场环境：1987年，华为成立时，中国通信市场正处于起步阶段，市场竞争激烈，技术壁垒高。

资源限制：华为初创时资金短缺，技术基础薄弱，面临巨大的生存压力。

客户需求：客户对通信设备的基本功能和稳定性有较高的要求，对新技术的需求相对有限。

2. 经营布局

（1）务实精神。

以客户为中心：任正非坚持"以客户为中心"的原则，确保产品和服务能够满足客户的基本需求。

专注基本功能：在资金和技术有限的情况下，华为专注于通信设备的基本功能和稳定性，确保产品的可靠性和耐用性。

（2）技术创新。

"拿来主义"：任正非提出"拿来主义"，积极引进和学习国外先进技术，迅速提升华为的技术水平。

团队激励：鼓励团队进行技术创新，建立激励机制，激发员工的创新热情。

合作与交流：与国内外高校和研究机构建立合作关系，进行技术交流和联合研发，提升技术创新能力。

二、成长阶段的国际化战略

1. 背景

国内市场：华为在国内已经取得了一定的市场份额和品牌影响力，但面临进一步发展的瓶颈。

国际市场：全球通信市场潜力巨大，但竞争激烈，进入门槛高。

资源和经验：华为在国内市场的成功为国际化战略提供了宝贵的经验和资源。

2. 经营布局

（1）市场策略。

农村包围城市：任正非提出"农村包围城市"的市场策略，先把产品打进发展中国家，然后逐步渗透到发达国家。

逐步推进：首先在发展中国家建立市场基础，以此作为跳板，逐渐积累国际运营的经验和提升品牌影响力，为进入发达国家市场做好准备。

（2）合作与共赢。

开放合作：强调"开放、合作、共赢"的理念，与国际知名企业建立合作关系，共享资源和技术。

品牌提升：与国际知名企业合作，提升华为的品牌影响力和技术水平，增强国际市场的竞争力。

技术引进：积极引进国际先进的技术和管理经验，提升自身的技术实力和管理水平。

人才培养：采用内部培训和外部招聘的方式，建立一支具备国际视野和专业技能的团队。

本地化运营：推动华为在全球范围内的本地化运营，建立本地化的销售、服务和技术支持团队，更好地服务当地市场。

文化融合：注重企业文化的融合，确保国际团队能够有效协作，提升整体运营效率。

三、成熟阶段的持续变革

1. 背景

市场环境：全球通信市场竞争越发激烈，技术更新换代速度快，客户需求日益多样化。

内部挑战：随着企业规模的扩大，管理复杂度增加，如何保持高效运营和市场响应速度成为一大挑战。

战略需求：为了保持企业的竞争力和持续发展，华为必须不断进行变革，以提升生产力和创新能力。

2. 经营布局

（1）变革理念。

变革就是生产力：任正非提出"变革就是生产力"的理念，强调持续变革是提升企业生产力的重要手段。

持续改进：鼓励员工不断学习，采用小步快跑的方式，持续优化企业管理流程，进行技术创新。

（2）管理变革。

①集成产品开发（IPD）。

目标：缩短产品开发周期，提高产品质量，增强市场竞争力。

实施：引入IPD管理模式，整合市场、研发、生产、销售等各个环节，实现跨部门协同作战。

效果：显著缩短了产品开发周期，提高了产品质量，增强了市场响应速度。

②集成供应链管理（ISC）。

目标：优化供应链管理，提高供应链的灵活性和效率。

实施：引入 ISC 管理模式，整合供应链上下游资源，实现从供应商到客户的全流程管理。

效果：降低了库存成本，提高了供应链的响应速度，增强了客户满意度。

（3）技术创新。

研发投入：持续加大在研发上的投入，确保在关键技术领域的领先地位。

技术储备：建立技术储备机制，提前布局未来技术，如5G、人工智能等。

创新机制：建立创新激励机制，鼓励员工进行技术创新和产品创新，提升企业的创新力。

（4）企业文化——奋斗者文化。

理念：倡导"以奋斗者为本"，鼓励员工不断学习、创新和进取。

激励机制：建立完善的激励机制，对表现优秀的员工给予物质和精神奖励。

人才培养：重视人才培养和引进，建立了一套完善的人才培养体系，确保企业持续创新。

绩效管理：实施绩效管理制度，将员工的绩效与企业的战略目标紧密结合起来，确保每个人都为企业的成功贡献力量。

四、新时代的战略前瞻与风险管理

1. 背景

市场环境：全球市场环境日益复杂，特别是来自美国的制裁和国际政治经济环境的不确定性。

技术变革：5G、人工智能等前沿技术快速发展，为通信行业带来了新的发展机遇和挑战。

风险管理：企业面临诸多法律和监管风险，特别是在信息安全和企业社会责任方面。

2. 经营布局

（1）生存哲学。

"活下去"：任正非提出"活下去"的生存哲学，强调企业在不确定的环境中要保持冷静，确保稳健经营。

稳健经营：注重现金流管理，避免过度扩张，确保企业在任何情况下都能维持正常的运营。

可持续发展：关注企业的长期发展，坚持技术创新和市场拓展，不断提升企业的核心竞争力。

（2）战略前瞻性。

① 5G 技术。

研发投入：加大对 5G 技术的研发投入，确保在 5G 领域的技术领先地位。

市场布局：积极拓展 5G 市场，与全球运营商建立合作关系，推动 5G 技术的广泛应用。

② 人工智能。

技术研发：组建专门的人工智能研发团队，开展前沿技术研究。

应用场景：探索人工智能在通信、安防、医疗等领域的应用，推动技术的商业化落地。

（3）风险管理。

① 信息安全。

技术保障：建立完善的信息安全防护体系，确保数据的安全性和隐私保护。

合规管理：遵守各国的法律法规，确保企业运营在信息安全方面合规。

②企业社会责任。

环保：关注环境保护，推动绿色生产和可持续发展。

公益：积极参与社会公益活动，履行企业公民责任，提升企业的社会形象。

③合规运营。

内部审计：建立内部审计机制，定期检查企业的合规情况，及时发现和纠正问题。

培训教育：对员工进行合规培训，提高员工的合规意识和能力。

任正非在不同阶段的经营发展思维体现了他作为企业家的深刻洞察力和卓越领导力。正是这种不断进取、勇于变革的精神，使得华为能够在复杂多变的市场环境中持续成长和壮大。

第九章

战略复盘,让企业决策更明智

　　一定程度上,企业的成功与否取决于其战略决策的质量。战略复盘作为一种系统性的反思工具,能够帮助企业高层深入剖析过去的战略决策,识别成功的关键因素和潜在的失误,进而优化未来的决策过程,使企业决策更加明智。

没有战略复盘就没有战略闭环管理

在现代企业管理领域，战略闭环管理已然成为企业实现持续发展、维持竞争力的重要手段。战略复盘作为闭环管理的关键构成部分，其作用不容小觑。所谓战略复盘，即对战略执行过程展开回顾，通过深度剖析过往战略执行情况，发现存在的问题，总结经验，助力企业持续优化与调整战略。倘若缺失战略复盘环节，企业极难构建完整的战略管理闭环，进而对战略的有效实施以及企业的长远发展产生不利影响。

战略闭环管理是一个动态且连贯的过程，涵盖战略制定、执行、监控以及反馈这四个阶段。在此过程中，战略复盘宛如连接上一次战略制定与下一次战略制定的桥梁，发挥着承上启下的作用。通过复盘，企业能够将战略执行过程中的实际状况与预期目标进行对比分析，探寻偏差产生的根源，并拟定相应的调整举措。如此一来，企业便能依据市场环境及自身条件的变化，持续调整与优化战略，保证战略始终指向正确的方向。

缺乏战略复盘的企业，在战略执行进程中往往容易陷入盲目与被动状态，或许会因缺少及时的反馈与调整机制，而难以应对市场环境的变化以及竞争对手的挑战。这类企业恰似一艘没有舵手的航船，在波涛汹涌的大海中随波漂荡，时刻面临触礁沉没的风险。

反观那些重视并切实开展战略复盘的企业，能够在复杂多变的市场环境中，始终保持敏锐的洞察力与灵活的应变能力。它们借助定期的战略复盘，不断优化战略执行方案，确保企业战略与实际执行情况高度契合。这类企业就如同配备精准导航系统的航船，能够在茫茫大海中精确无误地驶向预定目的地。

某高科技企业，在行业内享有盛誉，以其创新能力和市场竞争力著称。然而，在近年来的一次重大战略规划实施过程中，该企业却遭遇了前所未有的挑战。为了应对市场变化和竞争压力，该企业制定了一项宏伟的战略规划，旨在利用技术创新和市场拓展来进一步提升企业的核心竞争力。

在战略规划阶段，该企业进行了深入的市场分析和内部资源评估，制定了详细的战略目标和行动计划。这些目标包括研发新产品、拓展新市场、提高客户满意度等，旨在全面提升企业的市场份额和品牌影响力。

战略规划制定后，该企业迅速启动了实施计划。然而，在实施过程中，企业逐渐发现了一些问题。例如，新产品研发进度缓慢，市场拓展效果不佳，客户满意度提升不明显等。这些问题逐渐积累，导致战略规划的实际执行效果与预期目标出现了较大的偏差。

在战略实施初期，该企业并未意识到问题的严重性，也没有进行及时的战略复盘。由于缺乏有效的反馈和调整机制，企业无法及时发现并纠正战略执行过程中的偏差。这导致战略规划与实际执行之间出现了较大的差距，企业的市场竞争力和盈利能力受到了影响。

直到问题变得无法忽视时，该企业才意识到战略复盘的重要性。企业高层决定组织跨部门、跨层级的战略复盘会议，全面审视战略执行过程中的问题，并深入剖析问题的根源。

在战略复盘过程中，企业发现了多个关键问题。例如：新产品研发进度缓慢的原因在于研发目标与市场需求脱节；市场拓展效果不佳则是因为营销策略不够精准，未能有效触达目标客户群体；客户满意度提升不明显则是因为售后服务体系不够完善，客户反馈未能得到及时有效的处理。

针对这些问题，企业高层制定了针对性的改进措施。比如：加强研发团队与市场部门的沟通协作，确保新产品研发更加贴近市场需求；优化营销策略，提高营销活动的精准度和有效性；完善售后服务体系，提高客户满意度和忠诚度。

战略复盘和调整后，该企业逐步实现了战略闭环管理。通过持续的监控和评估，企业能够及时发现并纠正战略执行过程中的偏差，确保战略规划与实际执行之间的一致性。同时，企业还建立了完善的反馈机制，以便在未来的战略管理中更好地应对挑战和不确定性。

这个事例充分说明了战略复盘在构建战略闭环管理中的重要性。没有战略复盘，企业就无法及时发现并纠正战略执行过程中的问题，也就无法实现战略闭环管理。因此，企业应该高度重视战略复盘工作，将其纳入战略管理的重要议程，以确保战略管理的有效性和可持续性。

战略复盘的重要性体现在多个层面。首先，它有助于企业建立起一种持续学习和改进的文化。在这种文化氛围中，员工被鼓励去探索新的可能性，不断挑战现状，而不是满足于已有的成就。其次，战略复盘能够提高企业的适应性和灵活性。在快速变化的商业环境中，只有那些能够迅速适应外部变化并做出相应调整的企业，才能保持竞争力。最后，战略复盘还能够增强企业的预见性。对过去的战略进行深入分析，可以帮助企业更好地预测未来的发展趋势，从而做出更为明智的战略选择。

总之，战略复盘是实现战略闭环管理的关键，能够帮助企业建立一种持续学习和自我优化的机制，确保战略管理的每一个环节都能够得到有效控制和优化。因此，对于任何一家追求长期发展和成功的企业来说，建立战略复盘机制并予以实施都是至关重要的。

企业战略复盘的四维解析

在当今竞争日益激烈的商业环境中，企业战略复盘已经成为提升组织效能、优化决策过程不可或缺的重要工具。

企业战略复盘不是一种简单的回顾和总结，而是一个系统性的过程，它要求企业对过去的经营活动进行全方位、深层次的剖析。这种剖析不是浮于表面的泛泛而谈，而是对过程、事件、销售和策划这四个核心方面的深入挖掘，寻找那些隐藏在数字背后的真相。

1. 过程复盘：优化流程，提升效率

过程复盘关注的是企业运营中的各个环节和流程。通过对这些流程进行细致梳理和分析，企业可以发现其中存在的瓶颈、浪费和不合理之处。例如，在对生产制造环节的复盘中，可能会发现，由于设备布局不合理或工艺流程烦琐，生产效率低下。针对这一问题，企业可以采取优化设备布局、简化工艺流程等措施，以提升生产效率。又如，在对供应链管理环节复盘中，可能会发现，由于供应商选择不当或采购策略不合理，原材料成本的上升。针对这一问题，企业可以采用重新评估供应商、调整采购策略等方式，有效降低原材料成本。再如，在客户服务环节，通过复盘可能会发现，客户对某些服务的需求并未得到充分满足。针对这一情况，企业可以改进现有服务流程，以提升客户满意度和忠诚度。

2. 事件复盘：总结经验，避免重蹈覆辙

事件复盘是对企业运营过程中发生的重大事件或突发事件进行回

顾与总结，涵盖市场变化、政策调整以及各类突发事件等。通过对这些事件展开深入剖析，企业能够明晰事件发生的背景、原因及其产生的影响，并从中总结经验教训。这不仅有助于企业更好地应对未来的不确定性，防止类似事件再度发生，还能助力企业在危机中把握机遇，实现持续发展。

例如，某科技公司曾遭遇一次突发的网络攻击，遭受了重大损失。此次攻击不仅致使公司数据泄露，还严重损害了客户对公司的信任，影响了公司的市场声誉。事件发生后，该公司迅速启动事件复盘机制，组织跨部门团队对整个事件进行全面回顾与分析。

在复盘过程中，团队首先梳理了事件发生的时间线与关键节点，确定了攻击的来源与路径。紧接着，对公司在防御措施方面的不足之处展开分析，发现了几个关键漏洞，正是这些漏洞被攻击者利用，才引发了严重后果。

经过深入讨论，团队找出公司在网络安全管理方面存在的几个关键问题：其一，缺乏及时有效的监控和预警机制，致使在攻击初期未能及时察觉并采取应对措施；其二，应急响应计划不够完善，使得事件发生后，公司的反应速度和处理效率受到影响；其三，员工的安全意识培训不足，导致面对网络攻击时，部分员工的应对措施失当。

针对这些问题，公司制定了一系列改进举措：首先，强化网络安全监控系统，引入更为先进的入侵检测技术，以确保能够在第一时间发现并应对潜在的网络威胁；其次，完善应急响应计划，组建专门的应急响应团队，并多次开展模拟演练，保证在真实事件发生时能够迅速反应；最后，加强对全体员工的网络安全培训，提升全员的安全意识与应对能力。

3. 销售复盘：洞察市场，优化销售策略

销售复盘是企业战略复盘中的重要一环。通过对销售数据的分析，企业可以了解产品在市场中的表现，包括销售额、市场份额、客户满意

度等，同时可以分析竞争对手的销售策略和市场动态，从而洞察市场趋势和客户需求。基于这些信息，企业可以调整销售策略，优化产品组合，提升客户满意度，进而实现销售业绩的持续增长。

例如，某家饮料公司在销售复盘过程中发现，其某款新型果汁在市场上的销售额一直未能达到预期目标。通过深入分析销售数据和市场反馈，公司发现该款果汁的口感与目标客户群的期望存在一定差距。于是，公司迅速组织研发团队对产品进行改进，调整了配方和口感，使其更符合目标客户的需求。同时，公司还加大了对这款果汁的市场推广力度，通过广告宣传和促销活动等方式提升其知名度和市场占有率。经过一系列的调整和优化，该款果汁的销售额很快就实现了大幅增长。

4. 策划复盘：审视战略，确保方向正确

策划复盘是对企业战略规划和执行情况的全面审视。通过对战略规划的回顾和分析，企业可以评估战略的有效性、可行性和适应性，还可以发现战略规划中存在的不足和潜在风险。基于这些信息，企业可以对战略进行调整和优化，确保战略方向与企业的发展目标和市场环境相匹配。

例如，一家科技公司在策划复盘过程中发现，原有的市场进入策略未能充分考虑到新兴市场的特殊需求和文化差异，导致市场份额增长缓慢。

针对这一问题，公司决定对市场进入策略进行调整，增加对目标市场的文化研究和消费者行为分析，制定更加本地化的市场推广计划和产品设计。此外，公司还加强了与当地经销商的合作，通过合作伙伴的网络和资源来提升市场渗透率。

通过这样的策划复盘和战略调整，公司不仅解决了当前面临的问题，还为未来的发展奠定了更加坚实的基础。

综上所述，企业战略复盘是一个全面且深入的分析过程。对过程、事件、销售和策划这四个方面进行深入分析，可以帮助企业洞察自身运营中的不足，并据此制定更为精准和有效的战略规划。

战略复盘"六步走"

战略复盘是企业提升战略管理水平的重要手段。通过全面、深入、客观的复盘过程，企业可以不断积累经验、优化决策、提升效率，从而在激烈的市场竞争中立于不败之地。以下是战略复盘"六步走"的框架：

第一步：明确复盘目的

在进行战略复盘之前，首先要明确复盘的目的和范围。确定哪些战略目标和项目需要进行复盘，以及希望通过复盘解决什么问题。这有助于集中精力，确保复盘过程高效且有针对性。

第二步：收集相关数据和信息

收集与战略实施相关的所有数据和信息，包括定量数据（如财务指标、市场份额等）和定性数据（如员工反馈、客户意见等）。此外，还需要收集外部环境的变化情况，如市场趋势、竞争对手动态等。这些信息将为后续的分析提供坚实的基础。

第三步：分析战略实施过程

对战略实施过程进行详细的分析，找出成功的关键因素和失败的原因。可以从以下几个方面进行分析：

目标设定：评估目标的合理性和可行性。

资源配置：分析资源的分配是否合理，是否存在资源浪费或不足的情况。

执行情况：评估各项战略措施的执行情况和效果。

外部环境：分析外部环境变化对战略实施的影响。

第四步：总结经验教训

在分析的基础上，总结出成功的经验和失败的教训。成功的经验可以为未来的战略实施提供借鉴；失败的教训则需要引起重视，避免类似情况再次发生。可以利用案例分析、小组讨论等方式，确保经验教训的全面性和准确性。

第五步：提出改进建议

根据总结出的经验教训，提出具体的改进建议。建议应具有可操作性，并明确责任人和时间节点。例如，可以改进目标设定方法、优化资源配置流程、加强执行监控等。

第六步：落实改进措施并跟踪效果

将改进建议落实到实际工作中，并建立跟踪机制，定期评估改进措施的效果。此外，还要持续地监控和反馈，确保改进措施真正发挥作用，并根据实际情况进行调整和优化。

通过这六个步骤，企业能够系统地回顾和分析其战略实施的每一个环节，找出潜在的问题和改进点，为未来的发展奠定坚实的基础。

以下是一个关于战略复盘的具体事例：

某科技公司决定对其上一财年的战略执行情况进行复盘，目标是评估战略的有效性，识别出导致业绩未达预期的关键因素，并提炼出改进措施以优化未来的战略决策。

在复盘过程中，公司首先回顾了其上一财年的战略计划，包括设定的市场目标、产品研发计划、销售渠道拓展等。随后，公司对比了实际执行情况，发现虽然市场整体表现良好，但公司在某些产品线上的销售未达到预期，同时研发进度也略有滞后。

在分析市场环境变化时，公司发现竞争对手推出了更具竞争力的产品，同时市场需求也发生了一定的变化。这些变化对公司的产品销售和研发计划都产生了一定的影响。

深入分析后，公司提炼出以下问题和教训：

（1）产品线问题：某些产品线在市场上的竞争力不足，导致销售未达预期。

（2）研发进度滞后：由于资源分配不当和团队协作不畅，研发进度滞后。

（3）市场反应迟缓：公司对市场变化的反应不够迅速，未能及时调整战略方向。

针对提炼出的问题和教训，公司制定了以下改进措施：

（1）优化产品线：对竞争力不足的产品线进行升级或淘汰，同时加大对具有市场潜力的新产品的研发投入。

（2）加强团队协作：优化资源分配，加强跨部门的沟通和协作，提高研发效率。

（3）提高市场敏感度：建立更加完善的市场监测机制，及时调整战略方向以应对市场变化。

在复盘的最后阶段，公司对整个复盘过程进行总结，提炼出关键发现和建议，并把这些发现和建议反馈给公司的管理层和相关部门，以使其了解战略执行的情况并做出相应的调整。同时，公司还将复盘结果作为未来战略决策的重要参考。

由此，该科技公司成功地对上一财年的战略执行情况进行了复盘，识别出问题并制定了改进措施。

战略复盘不仅是对过去的总结，更是对未来的规划。通过承前启后、继往开来的方式，企业能够不断地从过去的实践中总结成功的经验，识别并改正存在的不足，从而不断提升整体的管理水平和市场竞争力。只有那些能够深刻理解并有效运用战略复盘的企业，才有可能在日益激烈的市场竞争中保持领先地位，实现长久的成功。因此，企业应该重视战略复盘工作，将其纳入日常经营管理，贯穿于企业发展的每一个阶段。

战略复盘常见的问题与挑战

在战略复盘的过程中，经常会遇到一系列挑战和误区，不仅阻碍了复盘的有效性，还可能对团队的士气和未来的决策产生负面影响。以下是在实际操作中总结出的八大常见问题及其解决对策：

1. 流于形式，走过场

在复盘过程中，这种现象频繁出现将严重影响复盘的成效。很多时候，复盘仿佛变成了一场例行公事，参与者如同提线木偶般机械地完成任务，却未能真正全身心地投入其中。这种表面化的复盘行为，无法为企业带来任何实质性的改进和学习收获，反而浪费了宝贵的资源和时间。

为了解决这一棘手的问题，组织必须采取一系列行之有效的措施来确保复盘的实质性和有效性。首先，组织要清晰明确地向每个参与者传达复盘的真正目的和重要意义，激发他们的内在动力和参与热情。其次，组织应积极引导全员全程参与复盘活动。通过设定针对性强、关键性的讨论议题，引导参与者围绕核心问题进行深入分析与研讨。同时，要合理安排时间，确保参与者有充裕的时间进行充分交流与思想碰撞，避免因时间紧迫而流于形式。

2. 自己骗自己，证明自己对

在战略复盘的进程中，常常会出现一种令人担忧的现象——自我欺骗式地"证明自己对"。这种做法无异于掩耳盗铃，严重阻碍了团队从错误中吸取经验教训的可能性，使得复盘失去其应有的价值和意义。

为了避免这种自我欺骗的情况频繁发生，组织要采取一系列积极有效的措施来引导团队成员保持开放和客观的心态；要让每一位成员都深刻明白，在复盘的过程中，不同的观点和意见是极为宝贵的，鼓励大家积极表达各自的看法；可以引入第三方评估，第三方评估人员通常具备客观中立的立场和专业的知识技能，能够以独特的视角审视问题，提供全面、公正且深入的分析。

3. 纠结观点，而非事实

在复盘过程中，常常会出现团队成员纠结于个人的观点和看法，而忽视了客观事实的重要性的情况。这种现象不仅会降低复盘的效率，还可能导致错误的决策。因此，有效的复盘应该基于客观事实进行，而不要纠结于观点。

为了克服这一挑战，组织需要强调数据驱动的决策过程。这意味着在复盘时，团队成员应更多地依赖于数据和实际情况，而不是个人的主观判断。通过这种方式，可以减少因个人观点不同而产生的争论，提高复盘的准确性和效率。

4. 强调客观，推卸责任

在战略复盘的过程中，强调客观性固然重要，但过分强调客观而推卸责任却是一个极为有害的现象。这种做法不仅阻碍了问题的有效解决，还会对团队的士气和合作氛围产生负面影响。当团队成员都试图将自己的行为和决策合理化，推卸责任时，问题往往会被掩盖或忽视，导致无法找到根本原因，更不用说制定有效的改进措施了。

为了克服这一问题，组织可以设立明确的奖惩机制，以确保每个人都对自己的行为负责。奖励那些在复盘中表现出色、积极承担责任并有效改进的员工；同时，对那些逃避责任、不愿面对问题的人员进行适当的惩罚。这种机制不仅能够激励员工，还能起到警示作用。

5. 追究责任，开批判会

在战略复盘的过程中，将复盘变成指责大会是一种极为有害的做法。这种做法不仅无法促进团队合作，反而会在成员之间制造隔阂和不信任感，严重破坏团队的凝聚力和协作精神。

为了避免这种情况，首先，组织需要从根本上定义复盘会议的目的。复盘不应该是为了追责，而应该是一个以学习和成长为核心的过程。在这个过程中，应该鼓励团队成员开放地分享他们的观察、经验和建议，而不是使其担心因犯错误而受到指责。

其次，营造一种积极、开放的复盘文化，鼓励成员们坦诚交流，分享各自的见解和经验。

再次，引导讨论方向，确保讨论聚焦于问题的分析和解决方案的制定。可以通过提问、总结和分析数据来帮助团队成员厘清思路。

最后，设立明确的复盘规则，强调讨论应当基于事实和数据，而不是个人情绪和指责。

6. 简单下结论，回避冲突

在复盘中，有时为避免潜在争执，一些团队可能会选择快速达成一致意见，而不深入探究背后的原因。这种做法虽能暂时防止矛盾激化，却可能致使长期的问题累积以及决策质量降低。

事实上，唯有通过充分交流，方能达成共识，并为未来拟定更为合理的计划。在复盘沟通过程中，团队成员能够分享各自的观点、经验与知识，进而增进彼此间的理解与信任。这种开放的对话有利于发现潜在的问题和挑战，进而找到更优的解决方案。

因此，组织应当营造鼓励开放的沟通环境，让每个人都有表达自身看法的机会。可以定期召开团队会议，提供一个安全的空间，供成员自由发言。此外，还能采用匿名调查或反馈机制，让那些不愿公开表达意见的人也可以参与进来。

7. 宽于律己，严于律人

在复盘的过程中，当涉及评价和责任归属时，人们往往对自己较为宽容，而对于他人则更加严格。这种不公平的态度不仅会影响复盘的客观性和有效性，还会对团队的氛围和发展产生负面影响。

因此，要建立公平公正的评价体系，确保每个人都受到一致的对待。在制定评价标准时，应充分考虑到各种因素，如工作难度、工作量、工作质量等，以确保评价结果能够真实反映每个人的工作表现。同时，评价过程应该公开透明，让每个人都有机会了解自己的评价结果和改进方向。

8. 高级主管不能以身作则

在战略复盘过程中，领导者的行为起着至关重要的作用。若高层管理人员未能积极参与复盘活动，且缺乏开放接受反馈的态度，便很难指望其他员工能认真对待这一过程。因此，组织应要求高级管理人员率先垂范，积极投身于复盘活动，并以身作则，展示如何从经验中学习与成长。如此一来，不仅能够增强团队的信任感，还能激发员工的参与热情。

战略复盘是企业提升管理水平、实现持续发展的重要手段。通过识别并妥善处理复盘过程中的挑战与误区，企业能够更有效地总结经验、改进不足，为未来的发展奠定坚实基础。

复盘李彦宏布局移动战略

李彦宏作为百度的创始人和领导者，在互联网从 PC 时代向移动时代转型的过程中，展现出了敏锐的战略眼光和果断的决策能力。通过复盘李彦宏在移动战略上的布局，我们可以深入了解百度如何在移动互联网时代保持竞争力和持续发展。

一、初步探索阶段：移动搜索的起步

1. 背景

移动互联网兴起：2010 年前后，移动互联网开始迅速发展，智能手机和移动应用逐渐普及，用户越来越多地通过移动设备访问互联网。

市场机遇与挑战：移动搜索市场潜力巨大，但同时也面临诸多挑战，如屏幕尺寸小、输入不便、网络环境不稳定等。

2. 战略布局

（1）迅速行动。

技术研发：李彦宏带领团队迅速投入移动搜索技术研发，开发适用于移动设备的搜索引擎。

用户体验优化：针对移动设备的特点，优化搜索界面和交互设计，提升用户体验。

适配多平台：确保搜索引擎能够在 iOS、Android 等主流移动操作系统中顺利运行。

（2）延伸 PC 端优势。

数据积累：利用 PC 端积累的海量数据和用户行为分析，提升移动搜索的精准度和相关性。

算法优化：将 PC 端成熟的搜索算法应用于移动端，提升搜索质量和速度。

个性化推荐：基于用户的历史搜索记录和偏好，提供个性化的搜索结果和推荐内容。

（3）市场推广。

品牌宣传：利用广告、公关活动等手段，提升百度移动搜索的品牌知名度。

合作伙伴：与手机厂商、移动应用商店等建立合作，预装百度移动搜索应用，扩大用户覆盖面。

用户教育：借助用户手册、在线教程等方式，引导用户使用移动搜索，提升用户黏性。

二、全面布局阶段：多线并进的战略

1. 背景

市场变化：移动互联网用户的需求日益多样化，单一的移动搜索业务难以满足用户的所有需求。

竞争加剧：各大互联网公司纷纷布局移动互联网，市场竞争越发激烈。

技术进步：移动应用分发、移动支付、移动地图等新兴领域迅速崛起，为百度提供了新的发展机遇。

2. 战略布局

（1）移动应用分发。

收购 91 无线：2013 年，百度以 19 亿美元的价格收购了 91 无线，进一步巩固了其在移动应用分发市场的地位。

百度手机助手：推出百度手机助手，提供丰富的应用下载和管理功能，提升用户体验。

开发者支持：建立开放平台，吸引开发者为百度生态系统开发更多应用，丰富应用种类。

（2）移动支付。

百度钱包：推出百度钱包，提供便捷的移动支付功能，支持线上线下支付场景。

合作与拓展：与银行、商户等建立合作，拓展支付场景，提升用户支付体验。

技术创新：应用 AI 技术，提供智能支付推荐和风险控制，提升支付安全性和便利性。

（3）移动地图。

百度地图：持续优化百度地图的功能，提供导航、公交查询、周边搜索等服务，提升用户体验。

数据积累：利用大数据技术，提供精准的地图数据和实时路况信息。

生态建设：与汽车厂商、出行服务提供商等建立合作，打造全方位的出行服务生态。

三、生态系统建设阶段：整合资源打造闭环

1. 背景

市场成熟：移动互联网市场逐渐成熟，用户需求更加多样化和个性化。

竞争激烈：各大互联网公司纷纷构建自己的生态系统，市场竞争越发激烈。

资源整合：单一产品或服务难以满足用户的所有需求，资源整合成为提升竞争力的关键。

2. 战略布局

（1）搜索与信息流。

百度 APP：整合搜索、信息流、新闻、视频等内容，提供一站式的信息服务。

内容生态：建立百家号平台，吸引大量内容创作者，丰富内容生态，提升用户黏性。

AI 技术：应用 AI 技术，提供个性化推荐和智能搜索，提升用户体验和搜索精准度。

（2）支付与金融服务。

百度钱包：提供便捷的移动支付功能，支持线上线下支付场景。

金融产品：推出理财、贷款、保险等金融产品，满足用户多样化金融需求。

风控技术：应用大数据和 AI 技术，提供智能风控，提升支付安全性和便利性。

（3）导航与出行服务。

百度地图：提供导航、公交查询、周边搜索等服务，并持续不断优化功能。

出行生态：提供全方位的出行服务，如打车、共享单车等。

实时数据：利用大数据技术，提供精准的地图数据和实时路况信息，提升导航精度和用户体验。

（4）娱乐与生活服务。

百度音乐：提供在线音乐播放和下载服务，丰富用户的娱乐体验。

百度贴吧：优化百度贴吧的移动体验，提供社区交流和内容分享功能，增强用户黏性。

百度网盘：提供云存储服务，满足用户文件存储和分享的需求。

生活服务：推出百度糯米等生活服务平台，提供餐饮、旅游、电影票务等生活服务，提升用户的生活便利性。

四、创新驱动阶段：前沿技术的应用

1. 背景

技术变革：人工智能、大数据、云计算等前沿技术快速发展，为互联网企业提供了新的发展机遇。

市场竞争：各大科技公司纷纷加大在前沿技术领域的投入，市场竞争越发激烈。

用户需求：用户对智能化、个性化服务的需求日益增长，技术创新成为满足用户需求的关键。

2. 战略布局

（1）人工智能。

语音识别：推出百度语音助手，提供语音搜索、语音控制等功能，提升用户体验。

图像识别：推出百度识图、百度相册等产品，提供图像搜索、图片管理等服务，满足用户多样化的需求。

自然语言处理：提供智能客服、机器翻译服务等，提升企业的智能化水平。

（2）大数据。

数据积累：经过多年的数据积累，百度拥有庞大的用户行为数据和内容数据，为技术创新提供了坚实的基础。

数据分析：应用大数据分析技术，提供精准的用户画像和个性化推荐，提升用户体验和广告效果。

数据安全：注重数据安全和隐私保护，确保用户数据的安全性和合规性。

（3）云计算。

百度云：推出百度云服务，提供云存储、云计算、云安全等解决方案，满足企业和个人用户的需求。

边缘计算：探索边缘计算技术，提供低延迟、高可靠性的计算服务，提升用户体验。

行业应用：在医疗、教育、金融等行业应用云计算技术，提供定制化的解决方案，拓展新的业务领域。

（4）新兴产业布局。

自动驾驶：与多家汽车厂商和科技公司合作，推动自动驾驶技术的商业化应用。

智能家居：推出小度智能音箱、智能电视等产品，构建百度智能家居生态系统，提升用户的家居体验。

区块链：探索区块链技术在数据安全、供应链管理等领域的应用，提升企业的数据管理水平和安全性。

通过对百度布局移动战略的复盘，我们可以清晰地看到百度在移动互联网时代是如何成功转型与发展的。李彦宏凭借持续的反思与优化，引领百度在移动战略领域取得了卓越成就，这不仅促进了公司的稳步前行，也为其他企业提供了借鉴与启示。

第十章

职场复盘，助你在竞争中脱颖而出

在竞争激烈的职场环境中，如何不断提升自己并在众多竞争者中脱颖而出，是每一个职场人士都需要思考的问题。职场复盘作为一种有效的自我提升工具，可以帮助我们深入分析自己的职业发展路径，识别优势和不足，从而在职场竞争中占据有利位置。

正确认识自己的优势和不足

在现代职场环境中,进行有效的自我评估与反思是推动职业成长不可或缺的环节。通过复盘个人的工作历程,能够细致剖析自己在工作中的表现,客观识别并了解自身的优势与不足,进而为制定更为精准且高效的个人发展策略奠定坚实基础。这一过程不仅有助于明确职业目标与方向,还能显著提升个人的职业竞争力,使其在日新月异的职场环境中保持领先地位。

张华是一位资深的软件工程师,在行业内有着超过十年的工作经验。他在编程方面的技术能力非常强,多次帮助公司解决了棘手的技术难题,这是他的一大优势。然而,在一次项目汇报会上,张华因为过于专注于技术细节,未能清晰地向非技术背景的高层管理人员解释项目的进展和价值,导致项目的支持度不高。这次经历让张华意识到,虽然他在技术领域有着深厚的专业背景,但在沟通和表达能力上却存在不足。

为了改进这一点,张华参加了各种沟通技巧培训,并主动寻求机会在小型会议上进行演讲练习,还特意找了一位擅长公共演讲的同事作为自己的导师,学习如何更有效地传达自己的想法。经过几个月的努力,张华不仅在技术上继续保持领先,在沟通方面也有了显著提升。在随后的项目中,他自信地向团队成员和管理层展示自己的想法,赢得了更多的支持和认可。

本案例深刻揭示了一个职场真理：每位从业者都应养成定期复盘的习惯，审视自身的行为模式与决策逻辑，明确辨识个人的优势所在以及待提升之处。只有这样，才能不断地调整自己的职业规划，确保自己始终沿着正确的方向发展。正如古人所说："知人者智，自知者明。"只有真正了解自己的人，才能在职场中游刃有余，到达事业的高峰。

在职场中，正确认识自己的优势和不足是个人成长和发展的重要基础。通过系统性的反思和分析，不仅能更好地了解自己，还能为职业生涯指明方向。以下是一些具体的方法和步骤，可以帮助我们正确认识自身优势和不足：

1. 回顾过去的工作经历

记录重要事件：回顾过去一段时间内的工作，记录下重要的项目、任务、成就或失败的经历。

分析成功与失败：思考每个事件背后的原因，特别是那些显著的成功或失败案例，尝试理解是什么因素促成了这些结果。

2. 自我评估

优势：列出自己在过去的工作中展现出来的强项，比如，沟通能力、解决问题的能力、专业知识等。思考这些优势是如何帮助你在工作中取得成功的。

不足：诚实地面对自己的弱点，比如在时间管理、团队合作或是特定技能上的欠缺等。识别这些不足是为了更好地改进。

3. 寻求反馈

同事和上司的意见：主动向同事或上司寻求关于你的表现的反馈，尤其是他们认为你可以改进的地方。

客户或合作伙伴的看法：可以从客户或合作伙伴那里获取反馈，了解外界对你的评价。

4. 设定目标

短期目标：基于自我评估的结果，设定一些短期可达成的目标，比如提高某项技能、改善某个习惯等。

长期规划：思考这些短期目标如何支撑你的长期职业发展计划，确保两者之间能良好地衔接。

5. 制订行动计划

具体步骤：为每个目标制订具体的行动计划，包括需要学习的知识、参加的培训、实践的机会等。

时间表：给每个行动步骤设置一个明确的时间表，这有助于保持动力并追踪进度。

6. 持续反思

定期复盘：将职场复盘作为一项常规活动，定期进行，比如每个月或每个季度一次。

调整策略：根据每次复盘的结果，适时调整目标和行动计划，确保它们始终符合自己的职业发展需求。

对求职失败的复盘

求职失败是许多人在职业生涯中都会经历的一个阶段，但失败并不意味着终结。进行求职失败的复盘，可以帮助我们更好地理解失败的原因，提炼经验教训，逐步提升自己的求职竞争力，最终实现求职目标。以下是对求职失败进行复盘的具体步骤：

1. 接受并正视失败

接受并正视失败是复盘的第一步，只有真正面对问题，才能找到解决问题的方法。

2. 收集和分析信息

（1）回顾求职过程：详细回顾整个求职过程，包括投递简历、面试准备、面试表现等各个环节。

（2）收集反馈：如果可能的话，尝试联系招聘方或面试官，了解他们对你求职申请的具体反馈。这些反馈可能是你改进的关键。

（3）自我评估：除了外部反馈，也需要对自己进行诚实的自我评估。思考在求职过程中有哪些表现可以做得更好，哪些技能或经验需要提升。

3. 识别失败原因

基于收集到的信息，分析并识别导致求职失败的具体原因。这些原因可能包括但不限于：简历不够突出，未能充分展示技能和经验；求职策略不当，投递的岗位与自己的技能和经验不匹配；面试准备不足，缺乏对公司和职位的深入了解；面试表现不佳，如沟通不畅、缺乏自信等；心态问题，如过于焦虑、缺乏耐心等。

4. 制定改进措施

基于提炼出的经验教训，制定具体的改进措施。这些措施应该具有可操作性。例如：优化简历，突出核心技能和经验；调整求职策略，选择更适合自己的岗位；加强面试准备，深入了解公司和职位，提高面试技巧等。

5. 执行并跟踪

将改进措施分解为具体的行动计划，设定时间表，并定期检查进度。执行过程中，也要保持灵活性，要根据实际情况调整计划。

6. 反思与总结

在整个复盘过程中，不断反思和总结是非常重要的。要思考改进措施是否有效，哪些方面还需要进一步改进。通过不断反思和总结，持续提升自己的求职能力。

对求职失败进行复盘不仅是一种自我反省的过程，也是个人成长的重要途径。以上步骤不仅能帮助我们识别和改进自身的不足，还能为未来的求职提供宝贵的经验和指导。

张先生是一位计算机科学专业的毕业生，在校期间曾参与多个项目的研发，具备一定的编程能力和实践经验。毕业后，他申请了一家知名互联网公司的软件工程师职位，经过简历筛选、在线测试、技术面试等多个环节后，最终却未能获得录用通知。下面是他的复盘过程：

1. 收集和分析信息

收集反馈：张先生首先向招聘方询问了未被录用的具体原因，得到了关于技术面试表现不佳的反馈。

自我评估：他回顾了整个求职过程，特别是技术面试中的表现，记录下自己认为表现不佳的部分，比如对某些算法题目的理解不够深刻、代码实现不够流畅等。

外部意见：张先生还咨询了几位在 IT 行业工作的朋友，听取了他们对于面试技巧和职业发展的建议。

2. 识别失败原因

经过上述信息的收集与分析，张先生确定了几个主要的失败原因：

首先，技术能力方面存在短板，尤其是在算法和数据结构的理解上。其次，面试技巧不足，如时间管理不当、回答问题时缺乏条理性等。最后，缺乏对目标公司的深入了解，无法在面试中展现出与企业文化相匹配的价值观和态度。

3. 制定改进措施

针对上述问题，张先生制定了详细的改进措施。

技术提升：制订学习计划，重点攻克算法和数据结构的难点，参加线上课程和实战训练营。

模拟面试：邀请朋友帮忙进行模拟面试，特别练习如何在有限时间内清晰地表达自己的思路。

公司研究：深入研究目标公司的历史、产品、文化和价值观，准备好相关的问题和答案，以便在面试中展现自己的热情和匹配度。

4. 执行并跟踪

执行计划：严格按照改进计划执行，每周设定固定的学习时间和模拟面试时间。

效果跟踪：每完成一个阶段的学习或模拟面试后，进行自我评估，记录进步和需要进一步改进的地方。

5. 反思与总结

持续学习：意识到求职复盘是一个持续学习的过程，即使在找到工作后也应该不断充实自己，保持竞争力。

心态调整：学会了以更加积极的态度面对求职过程中的挑战和失败，将其视为成长的机会。

长远规划：开始思考个人职业发展的长远目标，明确了短期和长期的职业方向。

通过这样系统的复盘过程，张先生不仅找到了求职失败的原因，更重要的是积累了宝贵的经验，为未来的职业生涯奠定了坚实的基础。

这个事例展示了复盘在求职过程中的重要性。它不仅可以帮助我们从求职失败中吸取教训，还能促使我们制定针对性的改进措施，从而提高求职的成功率。

记住，每个人在职业生涯中都可能遇到挫折和失败，关键在于如何面对。只要愿意从每次经历中学习，就一定能够逐步接近自己的梦想。

对低水平勤奋的复盘

在职场中，一些人非常努力，但工作成果却并不显著。这种低水平的勤奋不仅让自己感到疲惫和挫败，还可能影响整个团队的效率和氛围。因此，对职场低水平勤奋进行复盘，找到问题的根源并寻求解决方案，对个人和团队的发展都至关重要。以下是复盘的步骤和方法：

（1）收集信息。收集相关的数据和信息，以便更准确地分析低水平勤奋的情况。需收集的信息可能包括工作时间记录、任务完成情况、工作成果等。

（2）分析原因。通过收集到的数据和信息，深入分析低水平勤奋的原因。可能的原因包括没有清晰的目标和计划、使用了不合适或低效的工作方法、缺乏完成任务所需的技能或知识、缺乏自主解决问题的能力等。

（3）制订改进计划。根据分析出的原因，制订具体的改进计划。

（4）实施与跟踪。将制订的改进计划付诸实践，并持续跟踪其效果。定期评估工作进展和成果，及时调整和改进计划。

（5）持续反思与总结。在实施改进计划的过程中，持续进行反思和总结。记录每次工作的情况和结果，分析哪些方面做得好、哪些方面需要改进。

按照上述步骤进行复盘，能够更深入地了解自己的问题所在，并找到有效的改进措施。在未来的工作中，会更加高效地投入时间和精力，提高工作效率和成果。

王莉是一家大型企业的市场助理,她每天从早到晚忙碌于各种琐碎的任务。尽管她付出了大量的时间和精力,但她的工作成果并不显著,甚至有时还会出现疏漏和错误。王莉感到非常困惑和疲惫,她不明白为什么自己如此努力却得不到应有的回报。她决定进行一次深入的复盘,以期找到问题的根源并寻求解决方案。

为了深入了解自己的工作状况,王莉从多个角度收集信息。

(1)工作任务清单:王莉详细列出自己每天需要完成的所有任务,包括紧急任务、常规任务和临时任务。

(2)时间记录:使用时间管理工具或手动记录,追踪自己每天的时间分配,了解自己在哪些任务上花费了最多时间。

(3)工作成果评估:评估自己近期的工作成果,包括文件整理的准确性、邮件回复的及时性和会议安排的效率等。

(4)错误和疏漏记录:记录在工作中出现的错误和疏漏,并分析其发生的原因。

(5)同事和上级反馈:收集同事和上级对自己工作的反馈,了解他们对自己工作表现的评价和建议。

(6)个人感受与压力评估:了解自己的个人感受,包括工作压力、疲劳程度、工作满意度等。

基于收集到的信息,王莉识别出导致自己工作成果不显著的原因。

(1)任务优先级不明确:过于关注紧急任务,而忽视了重要但不紧急的任务,导致工作成果不显著。

(2)时间管理不当:没有合理分配时间,导致在某些任务上花费过多时间,而在其他任务上花费的时间则不足。

(3)工作方法和技能不足:缺乏高效的工作方法和技能,导致工作效率低下。

(4)工作压力过大:面临过大的工作压力,导致工作效率下降,甚至出现错误和疏漏。

（5）沟通协作不畅：与同事和上级的沟通协作存在问题，导致工作延误或错误。

针对以上的原因，王莉制定了改进措施。

（1）明确任务优先级：制定清晰的任务清单，明确任务的优先级和截止日期。使用任务管理工具，如待办事项列表或项目管理软件，用以跟踪和管理任务。

（2）优化时间管理：制订合理的工作计划，包括每日、每周和每月的目标。使用时间追踪工具来监控自己的时间分配，并找出时间浪费的源头。

（3）提升工作方法和技能：学习并应用高效的工作方法和技能，如快速阅读、笔记技巧、邮件管理等。参加培训课程或寻求导师的指导，以提升自己的职业技能。

（4）管理工作压力：学会放松和减压，如进行深呼吸、冥想或运动。与同事和上级保持良好的沟通，寻求他们的支持和帮助。设定合理的工作目标和期望，避免过度追求完美。

（5）加强沟通协作：提高沟通技巧，学会倾听和表达自己的想法和需求。与同事和上级建立积极的合作关系，共同解决问题。定期参加团队会议和沟通活动，以促进信息共享和团队协作。

王莉实施了以上改进措施，并逐步调整自己的工作方式。经过一段时间的努力，她发现自己的工作效率和工作质量得到了显著提升，同时与同事和上级的沟通也变得更加顺畅。她感到更加自信和满足，对未来充满了期待。这次复盘不仅帮助她解决了当前的问题，也为她未来的职业发展奠定了坚实的基础。

在职场中，低水平勤奋是一个普遍存在的问题，通过深入反思和复盘，我们不仅能够识别和改进无效的努力方式，还能提高工作效率和成果，逐步提升自己的工作能力和职业竞争力，最终实现更高的职业目标。

所有的怀才不遇，都有迹可循

在当今社会，随着经济的快速发展和科技的日新月异，个人能力的重要性日益凸显。然而，在追求个人价值实现的过程中，许多人发现自己陷入了"怀才不遇"的境地——拥有卓越的才能却得不到应有的认可和发展机会。这种现象不仅影响个体的职业发展，也阻碍了社会整体的进步。然而，如果我们深入探究，会发现所谓的怀才不遇，往往有其深层次的原因。

无论是古代还是现代，怀才不遇的现象都有其内在的逻辑和规律。一个人的才华能否得到发挥和认可，不仅取决于他自身的能力和努力，还受外部环境、时代背景、个人选择等多种因素的影响。因此，不能简单地将怀才不遇归咎于命运的不公，而应该通过复盘深入分析其背后的原因，并为自己寻找到合适的解决之道。

以下是针对"怀才不遇"现象的两个关键层面的复盘：

一、个人层面的复盘

1. 自我认知

优点与不足：回顾并评估自己的优势和劣势，了解哪些技能或特质是自己擅长的，哪些需要进一步提升。

职业定位：明确自己的职业目标和定位，是否与当前所处的环境和岗位相匹配。

2. 技能与能力

专业技能：检查自己的专业技能是否足够扎实，是否跟上了行业发展的最新趋势。

软技能：除了硬性的专业技能外，沟通能力、团队合作能力等软技能也是职场成功的重要因素。

3. 行动与决策

职业选择：回顾过往的职业选择，是否有过重大失误或错失良机。

应对策略：思考处理问题采取的策略是否恰当，是否有更好的解决方法。

4. 心态调整

适应性：评估自己对外界变化的适应能力，包括对新环境、新任务的接受度。

抗压能力：面对压力时的心态调整，是否能保持积极乐观的态度。

5. 机遇把握

是否缺乏主动性与敏锐度：在职场中，机遇往往稍纵即逝。如果个人缺乏主动性，不善于捕捉和把握机遇，可能导致才华被埋没。

是否对趋势缺乏洞察：在快速变化的行业中，对行业趋势和市场需求的敏锐洞察是成功的关键。如果个人对趋势缺乏了解，可能导致才华与时代脱节。

6. 环境因素

市场环境变化：行业趋势的变化、经济形势的波动等外部因素，也可能影响个人的职业发展，导致即使具备优秀的能力也难以找到合适的平台。

地域限制：地理位置的局限有时也会成为人才发展的障碍，特别是在资源分配不均的情况下，某些地区可能缺乏足够的机会和发展空间。

二、组织层面的复盘

1. 文化氛围

开放程度：组织是否鼓励创新和多元思维，是否存在保守封闭的文化。

包容性：组织是否尊重不同背景和观点的人才，能否提供一个公平竞争的环境。

2. 管理机制

晋升机制：晋升和奖励机制是否公平透明，是否有明确的标准和流程。

培训与发展：组织是否提供了足够的培训和发展机会，帮助员工提升能力和实现职业目标。

3. 沟通渠道

上下沟通：组织内部的沟通渠道是否畅通，员工的意见和建议是否能得到及时反馈。

横向协作：跨部门的协作是否顺畅，是否存在信息孤岛或壁垒。

事实上，每个人的才华未被发现，都有其根源。对于那些感到怀才不遇的人来说，关键在于复盘——回顾和审视自己的过往经历，挖掘出"怀才不遇"现象背后的具体原因。这样的分析不仅能帮助我们更好地理解自己所处的环境，还能发现潜在的问题和机遇。

为了使复盘更加有效，可以采取一些具体的步骤，如定期安排复盘时间，记录自己的想法和感受，设定具体的目标和行动计划，以及寻求反馈和建议。通过这些方法，我们可以更系统地分析和改进自己的行为，从而更有效地展现自己的才华。

职场压力复盘：识别、应对与成长

在职场中，每个人都或多或少会面临各种压力，这些压力可能来自工作本身、同事关系、职业发展、个人期望等多个方面。为了有效管理和应对这些压力，进行定期的复盘显得尤为重要。复盘不仅是一种自我反思的过程，更是一种智慧的积累，能够帮助我们在职场的征途中更加从容不迫，游刃有余。

小李是一家IT公司的项目经理，负责多个项目的推进和管理。近期，他感到工作压力巨大，经常加班到深夜，与团队成员的沟通也频繁出现问题，导致项目进度滞后，客户反馈不佳。于是，他决定进行一次复盘。

小李开始记录自己每天的工作压力事件，包括项目进度的延误、与团队成员的冲突、客户的不满等。同时，他评估了这些事件给自己的压力程度，并记录了相应的情绪反应，如焦虑、烦躁和沮丧。

一、识别压力来源

在复盘的过程中，小李发现他的压力主要来源于以下几个方面：

1. 工作负荷过大

小李负责的项目数量过多，导致无法充分关注每个项目的细节，进而影响了项目的整体进度和质量。

2. 团队沟通不畅

团队成员之间缺乏有效的沟通和协作，导致信息传递不畅，工作重复或遗漏，进一步加剧了工作压力。

3. 客户期望过高

客户对项目期望过高，团队无法满足这些期望，导致客户满意度下降，给小李带来了额外的压力。

二、分析压力影响

1. 身心健康受损

小李经常感到疲劳、失眠和头痛，身体健康状况明显下降。

2. 工作效率降低

由于压力过大，小李的注意力难以集中，工作效率下降，项目进度进一步延误。

3. 人际关系紧张

小李与团队成员和客户之间的关系变得紧张，沟通变得更加困难。

三、制定应对策略

针对以上问题，小李制定了以下应对策略：

1. 优化工作流程

小李重新分配了项目任务，确保每个项目都有足够的时间和资源来推进。同时，他制定了详细的项目计划，并定期检查进度，以确保项目能够按时完成。

2. 加强团队沟通

小李定期组织团队会议，鼓励团队成员分享工作进展和遇到的问题。

3. 管理客户期望

小李与客户进行了深入的沟通，了解了他们的期望和需求，并制定了解决方案，同时，向客户解释了项目的实际情况和可能遇到的困难，寻求客户的理解和支持。

四、定期复盘与调整

小李决定每个月进行一次职场压力的复盘，评估应对策略的有效性，并根据实际情况进行调整。他还计划参加一些压力管理和时间管理的培训课程，以提升自己的应对能力。

经过一段时间的复盘和调整，小李的工作压力得到了有效的缓解。他负责的项目进度明显改善，客户满意度也有所提升。同时，他的身心健康状况也得到了改善。

这个事例向我们展示了职场压力复盘的重要性。通过复盘，小李能够清晰地识别自己的压力来源和影响，并制定了有效的应对策略。这不仅帮助他缓解了工作压力，还提升了他的工作效率和团队协作能力。

通过小李的事例，我们总结出一套系统的压力复盘方法和步骤，帮助大家在职场中更好地管理和应对压力。

1. 识别压力来源

（1）记录压力事件。

在一段时间内（如一周或一个月），记录下所有让你感受到压力的事件和工作情境，包括具体的任务、项目、人际关系和公司政策等。

（2）分类压力源。

将记录的压力事件进行分类，找出主要的压力来源。常见的压力源包括以下几个：

工作本身：检查工作压力是否来自工作负荷过大、任务难度过高、时间紧迫等。

人际关系：分析是否因为与同事、上级或下属的关系紧张而产生压力。

职业发展：考虑是否因为晋升困难、职业发展前景不明确或薪资待遇不满意而产生压力。

个人因素：反思是否因为个人期望过高、自我要求过严或缺乏自信而产生压力。

（3）评估压力程度。

对于每个压力事件，评估其对你造成的压力程度，可以使用数字

（如1~10）或形容词（如轻微、中等、严重）来量化。

2. **分析压力影响**

（1）身体健康：评估压力是否对自己的身体健康造成了影响，如失眠、头痛、消化不良等。

（2）心理健康：分析压力是否导致自己情绪低落、焦虑不安或自信心下降。

（3）工作效率：考察压力是否影响了自己的工作效率和创造力。

（4）人际关系：思考压力是否对自己的职场人际关系产生了负面影响。

3. **制定应对策略**

（1）调整工作方式：优化工作流程，合理分配时间，避免过度工作。

（2）改善人际关系：加强沟通，增进与同事、上级和下属之间的理解和信任。

（3）明确职业发展目标：制定清晰的职业规划，设定可实现的目标，增强职业发展的动力。

（4）提升自我认知：增强自信心，调整心态，接受自己的不完美，学会享受生活。

（5）寻求专业帮助：如果压力持续存在且严重影响生活和工作，可以考虑寻求心理咨询师或职业导师的帮助。

4. **定期复盘与调整**

职场压力是一个动态变化的因素，因此需要定期进行复盘，并根据实际情况调整相应的策略。同时，保持积极的心态和乐观的态度，相信自己能够克服一切困难，实现职场上的成功和个人价值的提升。

职场压力是不可避免的，但我们可以选择如何应对。通过职场压力的复盘，我们可以更加清晰地认识自己面临的压力和挑战，找到有效的应对策略，从而在职场中保持健康的心态和高效的工作状态。